지금 여기 함께 있다는 것

지금 여기 함께 있다는 것

분배에 관한 인류학적 사유

제임스 퍼거슨 지음

이동구 옮김

조문영 감수·해제

Presence and Social Obligation: An Essay on the Share

여문책

차례

해제:
그는 이미 여기에 있다

조문영(연세대학교 문화인류학과 교수,
『빈곤 과정』 저자, 『분배정치의 시대』 역자)

관심 있는 행사에 참석하러 집을 나섰다. 대로로 이어지는 샛길에 동네 세탁소가 있다. 세탁이 끝난 옷들이 가게 바깥의 거치대에 걸려 있다. 가게 주인은 가뜩이나 좁은 아파트 단지 주차구역을 버젓이 제 뜰처럼 쓰고 있다. 하지만 오늘도, 나나 다른 주민은 별 대꾸 없이 지나쳤다.

붐비는 지하철 안. 방금 탄 승객이 나와 다른 승객 사이를 잽싸게 파고들었다. 졸지에 멀어진 손잡이를 그한테 양보하고 다른 기둥을 붙들었다.

늦게 도착한 행사장은 이미 만석에 가까웠다. 두리번거리다 가방이 놓인 의자에 눈길이 갔다. 옆에 앉은 참석자는 나를 보더니 슬그머니 가방을 제 의자 밑에 내려놓았다. 고맙다는 표시로 잠깐 고개를 끄덕이고 나서 나는 바로 자리에 앉았다.

이 책을 읽다 내가 어제 아침에 경험한 일들을 떠올렸다. 지극히 사소해서 화젯거리로 삼을 순 없다. 뉴스는 주로 양보를 기대했다가, 권리를 문제 삼았다가 다툼으로 번진 일을 다루지 않나. 세탁소 주인이 공용 공간을 무단으로 점유했다고 나나 다른 주민이 민원을 제기했다면 동네에 소문 정도는 났을 테다. 지하철에서 좁은 틈을 파고든 상대에게 내가 양보는커녕 몸을 밀쳤다고 윽박질렀다면, 행사장에서 멀뚱히 서 있는 나를 보고도 가방을 치우지 않는 상대를 큰 소리로 힐난했다면 소셜 미디어에서 갑론을박이 됐을지도 모르겠다.

이런 일들은 미담으로 회자될 만큼 대단하지도 않다. 나는 마음이 너그러워서 세탁소 주인의 불법 점유를 눈감은 게 아니다. 거치대는 늘 그곳에 있었다. 문제로 삼을 만큼 성가신 게 아니니 그냥 지나칠 뿐이다. 지하철에서 내가 비집고 들어온 상대한테 호의를 베푼 것도 아니다. 짜증이 나지만 미어터지는 지하철에서 달리 방도가 있나. 행사장의 참석자도 마찬가지다. 그는 나와 눈길도 마주치지 않고 서둘러 제 가방을 치웠다. 제 앞에서 누군가가 자리를 찾지 못해 서성이는 상황을 재빨리 모면하고 싶지 않았을까.

내가 아파트 단지, 지하철, 행사장에서 낯선 타인과 맺은 관계는 학자들한테도 매력적인 관찰 대상이 아니다. 다른 세계를 위한 혜안을 길어내려고 애쓰는 철학자들은 뒤르켐이 '집합적 열광'이라 부른 들썩이고 때로 성스러운 집합적 경험에 좀 더 관심을 기울였다. 축제, 시위, 재난처럼 몸들이 연결되고 서로가 타인의 존재를 절감하는 순간은 별볼 일 없는 일상보다 우리가 어떻게 함께 살 수 있고, 살아가야 하는지에 대해 더 풍부한 통찰의 계기를 제공하는 것같다. 감정들이 극적으로 타오르고 응집되는 현장은 환대·저항·연대·해방 같은 어휘들에 구체적 질감과 서사를 입히기에 적절할 테다.

하지만 너무나 흔하고 익숙해서 누구든 크게 의미를

두지 않는 일상 속 관계 맺음에서 우리가 함께 살아갈 방도를 찾아볼 순 없을까? 이 책에서 인류학자 제임스 퍼거슨은 우리가 살아가는 구체적 삶에서 물리적으로 연결된 취약성을 환기하고, '현존presence', 즉 여기에 함께 있다는 단순한 사실 위에서 공생의 자리를 구축하고자 한다. 내가 그를 알지 못해도, 굳이 그를 돕고 싶지 않아도 이미 지척에 있는 그와 '몫share'을 나누는 행위가 빈번히 발생한다면, 그가 '여기'에 존재한다는 명확한 사실 자체를 정치적으로 중요한 분배의 근거로 삼을 순 없을까? 시민과 국민을 가르는 배타적 성원권 대신, 우리가 이주민이나 난민과 이미 물리적으로 인접해 살아간다는 경험적 사실을 나눔의 근거로 삼는 세계는 지금과는 어떻게 다른 미래를 열어젖힐까?

퍼거슨의 책 『분배정치의 시대』를 읽은 독자라면 현존에서 나눔의 근거를 찾는 그의 사유가 전작에서 던진 논점을 발전시킨 결과임을 눈치 챘을 것이다. 이 책에서 그는 30여 년 동안 남아프리카 현지조사를 통해 축적된 자료들을 분배라는 주제 아래 통합한 바 있다. '물고기를 주어라Give a Man a Fish'라는 책의 원제는 "어떤 사람에게 물고기를 그냥 준다면 그를 하루만 배부르게 할 것이고, 물고기 잡는 법을 가르쳐준다면 평생을 배부르게 할 것"이라는 공리를 정면으로 뒤집었다. 그는 성장이 양질의 일자리와 무관해진 시대, 지구 환경의 지속 불가능성을 절감하는 시대에 살면서도 분배 요구를 폄하하고 노동과 생산에서 탈빈곤의 해법을 찾는 관성을 문제 삼았다. 그가 글로벌 남반구에서 확산 중인 기본소득 실험이나 현금수당을 '새로운 복지국가의 출현'이라고 부르면서까지 주목했던 이유는, 이러한 분배정치가 '누가 무엇을, 왜 가져야 하는가'라는 질문에 대해 임금노동을 더는 보편적인 해결책으로 제시하지 않았기 때문이다. 대신에 그가 주장한 분배정치의 핵심은, 사회적으로 생산된 부의 보편적 '몫'을 선언하는 작업이었다.

우리 시대의 거대한 부란 장구한 역사를 거치면서 함께 땀 흘리며 일궈낸 결과이므로 그 사회의 성원 모두는 부의 참여자로서 정당한 몫을 주장할 수 있어야 한다. 이러한 분배주의적 관점에서 퍼거슨은 앞에서 언급한 속담을 과감하게 수정했다. "그 속담 속 '사람'이 물고기 잡는 기술을 배우는 대신에 전체 글로벌 생산에서 일정한 배당을 청구할 자격을 획득할 수만 있다면, 그때서야, 그리고 오직 그때만

이 그는 정말로 '평생 동안' 배부를 것이다."(『분배정치의 시대』, 95~96쪽)

하지만 국민국가 체제가 삐거덕거리는 오늘날에도 공유부 생산의 참여자로서의 사회 성원이란 '국민'으로, 사회적 성원권이란 법적 '시민권'으로 쉽게 제한되고 마는 게 현실이다. 퍼거슨이 『분배정치의 시대』 결론부에서 '분배정치의 한계'로 이미 논했듯이, 국가는 '국민'의 법적 자격을 갖춘 성원들에게는 미흡하더라도 제도적 장치를 통해 연대의 기반을 제공하지만, 그 경계 바깥의 사람들에 대해서는 어떤 식으로든 배제를 행사한다. 이는 한국 사회에서도 예외가 아니며, '우리 몫'을 가로채는 외국인에 대한 차별과 혐오는 전 세계 곳곳에서 들끓고 있다.

국민을 자신의 나라와 국부의 진정한 소유자로 규정하는 남아프리카공화국의 기본소득 캠페인이든, '코로나 상생 국민지원금'이라는 명목으로 국내 거주 외국 국적자 중 극히 일부에게만 수혜 자격을 부여한 대한민국 정부의 재난지원금이든, 국민국가의 성원권과 밀착된 사회정책은 포용의 순간 배제의 발톱을 드러낸다. 글로벌 기본소득은 언감생심이다. 이러한 딜레마와 마주해서 국민국가의 지평을 넘어 분배를 사고하려면 어떤 돌파구가 필요할까? 수렵채집 사회의 분배 관행에 관한 인류학 기록이나 남아공 사회복지사들과 나눈 대화를 통해 퍼거슨이 제안한 것은 현존, 즉 "살아 있을 뿐 아니라 암묵적으로는 적어도 최소한의 인정과 의무를 요구하는 방식으로 여기, 우리 안에 있다는 구체적이고 사회적인 사실"이다.

> 결국 여기서는 국민국가의 추상적 성원권, 시민권, 사회계약이 아니라 구체적이고 체화된 존재와 이 존재가 암시하는 의무라는 식으로 '사회적인 것'의 다른 형상이 드러난다. 이 의무란 자비로운 기부도, 심지어 교환도 아닌 공유, 즉 (사실상 비자발적인) 자유결사로 형성되는 것이 아니며, '함께 존재함'이라는 것이 정치적 선택이 아니라 단지 가장 기초적인 사회적 사실일 뿐인 책임의 공동체 안에서의 공유다. (『분배정치의 시대』, 362~363쪽)

『지금 여기 함께 있다는 것』은 아주 짧은 분량이지만* 전작에서 퍼거슨이 새롭게 제안하고 미처 충분히 다루지 못했던 '현존'을 나눔의 근거로 명징하게 풀어낸 책이다. 여기서 "'사회적인 것'의 다른 형상"은 '사회적 의무social obligation'로 더욱 분명하게 등장한다. 누가 무엇을, 왜 가져야 하는가? 퍼거슨은 분배에 대한 일차적 응답이 무엇보다 사회적 의무의 필요성을 환기하는 데서 출발해야 한다고 주장한다. 사회적 행동이란 당신이 타인에 대해 갖는 의무를 고려하면서 행동하는 것이다. 이러한 의무에 대한 인식은 일방적인 도덕 교육을 통해 확보된다기보다는, "현존에 기반을 둔 정치가 강화되고 확장될" 때라야 뿌리내릴 수 있다.

퍼거슨은 최근의 학술 논의에서 사회 개념에 깃들어 있던 의무의 감각이 점차 줄어들고 모호해지는 경향을 우려한다. 니콜라스 로즈가 종언을 고한 '사회적인 것'은 '정규직 남성 임금노동자와 그의 가족들'만을 대상으로 사회적 돌봄을 제도화했던 유럽 복지국가의 특수한 구성물에 불과하다. '보편적인 사회적인 *것the* social'의 죽음 이후 무엇이 올 것인가

---

* 이 책을 출간한 프리클리 패러다임 프레스Prickly Paradigm Press는 1993년 영국 케임브리지에서 인류학자 키스 하트와 안나 그림쇼가 시도한 팸플릿 시리즈에 그 뿌리를 두고 있다. '선인장Prickly Pear'이라는 시리즈 명칭에 걸맞게, 편집자들은 지위, 나이, 분야에 상관없이 다양한 저자들을 초대하고, 이들의 새롭고 급진적인 사유를 짧은 팸플릿 형식으로 출간했다. 인류학을 사회와 소통하는 수단으로 재창조할 수 있으려면 인류학 글쓰기도, 출판도 새롭게 시도해야 한다는 문제의식이 흥미로운 실험을 낳았다.

가 아니라 '**이러한** 사회적인 것*this* social' 이후에 등장할 새로운 사회성을 논의해야 한다. 인간-비인간의 이종적 네트워크를 따라가는 브뤼노 라투르의 작업은 인간 너머로 세계를 확장한 듯 보이지만, '사회'를 '연합'으로 대체하면서 "사회적 의무에 힘을 실어주는 모든 핵심 특성과의 연관성을 제거" 하고 말았다. '세계시민' 같은 추상적 개념은 국제정치에서 거의 힘을 발휘하지 못하며, 인도주의라는 "가장 약한 종류의 의무"만이 통용될 뿐이다.

퍼거슨은 뒤르켐의 사회학을 소환하면서 "구성원들이 구속력 있는 의무로 묶인 특정한 종류의 집단적 자아"가 사회와 관련된 모든 개념에 깃들어 있다는 점을 환기한다. 그러나 뒤르켐과 달리, 그는 국민-국가의 경계에 구속되지 않는 방식으로 사회 정책과 제도를 모색할 필요를 제안하며, 사회심리학 이론에서 선험적으로 등장하는 집합적 군중이 아닌 일상 속 평범한 사람들이 서로의 취약함을 공유하는 가운데 벌이는 행동에 관심을 기울인다. 사회적 의무란 "'인류애'의 문제가 아니라 바로 옆에 있는 사람과의 문제"이며, 인류학자 위드록이 강조하듯 내 옆에 있는 자가 무엇인가를 가져가려는 나눔의 요구를 방해하지 않는 것이다.

수렵채집 사회에 관한 연구들은 '성원권'(우리 중의 하나)과 '현존'(여기 우리와 함께 있음)의 조건이 동시에 작동할 때 분배요구가 강력한 힘을 발휘했음을 보여주는데, 양자는 실제 아프리카 남부에서 서구 정치 이론이 가정하는 것보다 훨씬 유연하게 맞물려 작동하고 있다. 신생 독립국 시절 남아공에서 시민권이 없거나 비용을 대지 못하는 사람들은 물을 공급받지 못했는데, 이런 상황이 콜레라 감염을 초래했다는 사실이 밝혀지면서 당국은 정책을 전면 수정해야 했다. 불법 체류자의 자녀에게도 전염병 예방주사를 접종하는 일은 윤리적 고려를 넘어 실용적인 사안이라는 게 퍼거슨의 요지다.

이 책은 독자들에게 다양하게 읽힐 것이다. 오랜 현장 연구에서 길어낸 생생하고 섬세한 이야기 대신 명료한 주장을 중심으로 내용이 전개되다 보니 어떤 독자는 논거가 충분치 않다고 느낄 수도 있다. 부록에 등장하는 이론가들과의 대질은 현존, 나눔, 분배에 관한 퍼거슨의 주장이 다른 철학적 논의와 어떻게 만나고 갈라지는지 흥미로운 지형도를 제공하지만 각각의 이론을 오랫동안 시추한 연구자라면 자신의 지적 스승을 왜소하게 만들었다고 불평할지도 모르겠다.

하지만 전염병, 전쟁, 기후재난 등 예측불허의 행성적 위기에도 생존과 안전을 향한 고투가 개인과 가족으로 내파^{內破}될 뿐인 시대를 감당하기 힘든 독자라면, 이 책은 충분히 의미 있는 위로와 자극이 될 것이다. 우리는 어떻게 함께 살아가야 할까? 이미 우리 곁에 와버린 낯선 존재들을 어떻게 마주해야 할까? '인접성'을 토대로 한 정치는 기존의 계급 정치, 정체성 정치와 어떻게 다른 방식으로 미래를 등장시킬 수 있을까?

시대를 논평하는 석학들은 최근 들어 더욱 윤리적 책무와 성찰을 강조하는 경향이 있다. 환대하는 '우리'를 만들고 확장하려는 의식적인 노력도 꾸준히 이어지고 있다. 이러한 움직임은 지금도 앞으로도 소중하나, 이 책을 읽은 후 나는 인간들이 비자발적으로 감당할 수밖에 없는 사회적 의무를 환기하는 작업이 재난 시대에 심각하게 고려할 만한, 어쩌면 더 현실적이고 실용적인 사유방식일지 모른다는 생각이 들었다.

퍼거슨이 드는 사례는 대부분 내가 소개한 아파트 단지, 지하철, 행사장의 경우처럼 건조하고 시시하다. 극적인 흥분도, 의의도, 재미도 없다. 하지만 그런 평범한 일상이야말로 우리의 사유가 가닿아야 할 관계들의 보고寶庫가 아닐까? 그가 말하는 나눔의 대상이란 나와 정체성으로 묶인 집단도, 정치적 입장을 공유하는 동지도 아니며, (난민이든 세탁소 주인이든) 그저 스치고 지나치고 부딪히는 불특정 이웃일 뿐이다.

이 책에 등장하는 아프리카의 미니버스 택시에 탑승해보자. 병 속 올리브처럼 서로 짜부라진 채 덥고, 땀나고, 불편하고, 때로 위험한 마주침을 피할 수 없는 승객들. 그렇다고 허허벌판에서 내릴 수도 없기에 새로 탑승한 자에게 한 뼘의 공간이라도 내줘야만 하는 사람들.* 목적지에 무사히 도착하려면 자신의 공간 일부를 포기해서라도 타인에게 곁을 내어줄 수밖에 없다는 감각을 사회성의 원천으로 두는 세계는 분명 따뜻한 공동체와는 거리가 멀다.** 연민은커녕

---

* 누군가는 위험하고 불편한 택시를 거부하고 자가용을 마련하면 되지 않느냐고 반문할 수도 있다. 하지만 누구나 실리콘 밸리의 부자들처럼 개인 방공호를 만들 순 없다. 더구나 안전하고 사적인 공간을 찾아 재빨리 이동하는 자들도 더는 피할 수 없는 행성적 차원의 위험들이 해마다 늘어나고 있다.

짜증이 솟구친다. 하지만 바로 이 세계에서 우리는 서로 내쫓지 않고, 내쫓기지 않고 함께 살아간다. "우리는 진정한 의무에 따라 움직인다. 의무는 의무일 뿐이다."

퍼거슨은 이 에세이의 초안을 2017년 가을 연세대학교 문화인류학과와 한국문화인류학회의 초청으로 한국을 방문했을 때 발표한 바 있다. 당시는 이세돌과 알파고의 바둑 대결 후 인공지능 발전에 따른 일자리 소멸의 위기감이 급증한 때였고, 연구자와 시민단체뿐 아니라 주류 정치인들도 기본소득에 적극적인 지지를 표명하던 시기였다. 그해 1월에 출간된 『분배정치의 시대』가 분배에 관한 묵직한 학술서였음에도 기본소득 필독서로 대중적인 인기를 누린 배경이기도 하다.

그 후 7년이 흐른 지금 한국 사회의 기류는 꽤 변했다. 기본소득이 철학적·이념적 논변에서 구체적·실용적인 정책 의제로 빠르게 이동하면서[***] 이념상의 기본소득과 실험 중

[**] 조문영, 2023, 「공동의 미래는 가능한가」, 『녹색평론』 183, 136쪽.

[***] 조문영·조민서·김지현, 2021, 「안전의 열망과 기여의 의지: 경기도 청년기본소득 수령자들의 서사」, 『한국문화인류학』 54(1), 308쪽.

인 기본소득 사이의 차이가 적잖은 혼란을 초래했다. 분배의 공론장은 국민국가의 성원권과 기여도로 '공정성'을 따지는 자격 시험장으로 전락했고, 임금노동을 인간됨의 자격으로 삼는 노동윤리가 한국 사회에 얼마나 뿌리 깊은지도 절감했다.

그러나 '우리'의 배타적 경계가 강화될수록, 한국 사회에서 '살 만한 삶'을 누리지 못하고 있다는 생각은 다수에게 공통 인식으로 자리 잡은 것 같다. 정부에서 매년 수십조 원을 들여도 출산율은 계속 떨어지고, 문화예술에서 정부 행정에 이르기까지 '소멸', '붕괴', '종말' 같은 단어를 심심찮게 접하는 세상이 됐다. 나는 '갈 데까지 간' 지금이야말로 기본소득으로 축소되었던 분배 논의에 제대로 불을 지필 때라고 생각한다. 사회를 짓누르는 긴장과 울화에도 불구하고 우리가 어떻게 인'간間'으로서 기어이 삶을 살아내고 있는지, 하루하루의 삶에서 사람들이 어떻게 현존을 통한 실천으로 몫을 확보해내는지 자세히 살피고, 그 토대 위에서 새롭게 분배정치의 대안과 전략을 만들어가야 할 때다. 이 책이 분배에 관한 사유와 실천적 대응을 확장하는 촉매가 될 수 있길 바란다.

머리말:
팬데믹 속에서 사회가 갖는 의미를 다시 생각하며

이 책은 코로나19에 관한 이야기가 아니다. 이 책에서 나는 '나눔share'*이라는 사회적 의무에 대해 살펴보고, 이 의무가 어디에서 비롯되는지를 알아보려 한다. 나는 다른 사람들과 물리적으로 인접해 있는 상태를 '현존presence'**이라고 부르고자 한다. 우리는 현존함으로써 취약성도 함께 나누고 있으며, 그로 말미암아 의도하지는 않았더라도 현존은 사회적 의무를 떠받치는 기반으로 작동한다.

---

*　'share'는 문맥에 따라 나눔, 몫, 지분 등으로 번역했다: 옮긴이.

**　'지금 우리 곁에'라는 의미를 강조하기 위해 '현존'으로 번역했다. 명사적 성격을 갖거나 다른 저자의 논의를 인용하는 경우 등 문맥에 따라서 부분적으로 '존재'로도 옮겼다: 옮긴이.

지구 차원의 전염병이 이어지면서 현존과 취약성 사이의 관계가 점점 더 분명해지고 있다. 이 에세이의 출발점이 되었던 발표에서는 콜레라 유행으로 이 관계가 드러나고 있다고 밝힌 적이 있다. 코로나19 역시 마찬가지였다. 하지만 내가 보기에 이 과정에서 드러난 현존의 취약성은 생물학적인 문제가 아니다. 사회적 관계가 배제된 단순한 생물학적 작용으로 발생한 문제가 아니라는 뜻이다. 반대로 여기서 내가 말하고자 하는 문제는, 다른 사람과 함께 살아가고 있다는 사실이 바로 **사회적인** 현실이라는 점이다. 아마도 우리 모두 팬데믹을 겪으면서 너무나 자주 빼앗겼던 존재의 힘에 대해 무엇인가 배운 점이 있을 것이다.

최근 몇 개월에 걸쳐* 보건당국이 내건 '사회적 거리두기'라는 용어에 우리 모두 익숙해졌다. 인류학자를 포함한 몇몇 사람은 이 표현에 반대해왔다. 역학자들이 말하는 물리적 거리두기와 사회과학자들이 말하는 '사회적 거리두기'는 그 의미가 다르다는 이유였다. 내가 일하는 대학의 한 행정관도 학생들에게 보건당국이 쓰는 용어에 대해 정정하는

---

*   이 책이 출간된 2021년은 코로나19가 한창 극성을 부리던 때임을 감안해야 한다: 옮긴이.

메일을 보냈다. "사실, '사회적 거리두기'라는 용어는 정확한 표현이 아닙니다. 우리가 지켜야 하는 것은 '물리적 거리두기'입니다." 이 메일에서 그는 학생들에게 단순히 물리적으로 거리를 둔다고 해서 그동안 유지하고 있던 따뜻한 대학 공동체가 피해를 보는 일은 없을 것이라고 안심시키기까지 했다.**

　'사회적 거리두기'가 실시되는 와중에도 인간적인 온기가 흐르는 공동체 활동은 유지될 것이라고 장담하는 이메일이 대량으로 발송되었지만, 몇 시간 지나지 않아 2020년도 졸업식이 무기한 연기되었다는 소식이 뒤따랐다. 당시 졸업생이라면 누구도 잊을 수 없을 것이다. 공간적으로 거리를 두는 것과 사회적 거리두기가 뭐가 다르냐고 생각할 수도 있다. 이러한 행사에서 느낄 수 있는 물리적인 실제와 감각적 경험이 없다면, 이러한 공동체 의식으로 얻게 되는 공동체의 사회적 통합이라는 매력은 심각하게 손상될 수밖에 없다. 에밀 뒤르켐Émile Durkheim이라면 아마 바로 알아차렸을

**　　영어 'social'에는 단순한 조직을 가리키는 사회가 아닌 '친밀하고 서로를 인간적으로 이해하는 공동체'라는 개념이 포함되어 있다: 옮긴이.

것이다. 졸업식을 대체하기 위해 '줌Zoom'으로 온라인 졸업식이 마련되었지만 적절한 방식이었다고 보기는 어렵다. 사회성, 특히 의식을 함께 치르는 과정에서 만들어지는 공통의 경험은 기본적으로 정보를 전달하는 데서 나오는 것이 아니라 특별한 경험을 공유하는 데서 나온다는 사실을 과소평가했기 때문이다.

어느 사회집단이 새로운 구성원을 받아들일 때 특정한 존재를 필요로 한다면 폭력적으로 추방하는 경우에도 마찬가지 아닐까? 오늘 코로나19와 관련된 신문기사를 읽으며 들었던 생각이다.[1] 표면적으로 드러난 내용은 그다지 특별하지 않다. 싱가포르에서 마약 거래 사범이 사형 선고를 받았다는 이야기니까. 여기서 코로나19와 관련해 주목할 부분은 역사상 처음으로 **줌**으로 사형 판결을 내렸다는 점이다. 도덕적으로 모욕감을 느끼게 되는 참으로 놀라운 점은 마약 거래도 아니고 판결도 아니다. 사람의 눈을 직접 바라보지도 않고, 인간적인 존재를 함께하지도 않은 채로 사형

[1]   Eileen Ng, "Singapore Sentences Drug Dealer to Death at Zoom Hearing," *Associated Press*, May 20, 2020, apnews.com/article/a8569980bbf1a511e9ed55db18e5bb34.

을 선고했다는 점이 혐오스러운 것이다.

내가 이 에세이에서 주장하는 사회적 의무는 필수불가결한 것이다. 사회적 의무라 함은 공감과 따뜻한 감상뿐 아니라 물리적 존재와 연결된 특정한 취약성에 기반을 둔다. 어떤 의미로는 우리는 항상 취약성을 공유하고 있다. 때때로 취약성이 도드라지게 드러나는 상황이 벌어지기도 한다. 코로나19 팬데믹 상황이 그러했다. 비참한 결정을 내려야할 때 어쩔 수 없이 이런 식으로 지적 서비스를 활용할 수밖에 없었는지도 모른다. 그렇다면 최소한 선한 용도로 활용하려는 노력이라도 해야 한다.

사회적 의무가
왜 필요할까?
왜 지금?

오늘날 사회적 의무에 대해 다시 생각해야 할 필요성이 긴급하게 제기되고 있다. 내가 지난 10여 년간 분배정치라고 부르는 작업을 진행하면서 내린 결론이다. 내가 이야기하는 분배정치란 간단하다. **누가 무엇을, 왜 가져야 하는가**라는 정치적 질문이다. 이 기본적인 질문의 답을 구하는 과정에서 우리는 필연적으로 분배(이 세계를 살아가는 사람들 간에 재화나 가치를 어떻게 나누어야 하는가?)와 의무의 문제(특정한 분배방식이 구속력을 갖게 되는 함의와 이러한 함의가 실제로 구속력을 갖게 되는 이유)에 직면하게 된다. 하지만 이러한 질문에 대답하는 방식은 이제 근본적으로 달라져야 하는 상황이다. 특히 왜 특정한 사람들이 분배를 받거나 받으면 안 되는

지, 그 이유에 대해 우리의 생각을 지탱해왔던 두 가지 주요한 기둥이 근본부터 흔들리고 있다. **노동**과 **시민권**이라는 두 기둥으로는 이제 더는 이러한 문제에 적절하게 대응하기 어려워지고 있다.

나의 전문 연구 분야인 남아프리카는 물론이고, 남반구를 비롯한 그 밖의 많은 지역에서 엄청난 인구가 분배문제를 다루고 법제화하는 전통적인 방식에서 배제되어 있다. 노동에 기반을 둔 분배요구가 정당하다고 하더라도, 실업과 불완전 취업 상태에 있는 인구는 증가하고 있다. 이처럼 불안정한 이른바 '비공식' 생계가 급속하게 증가함에 따라, 안정적인 정규 영역의 노동력을 통한 점진적인 통합(이에 관해서는 내가 타냐 리Tania Li와 함께 '적절한 일자리'의 세계[2]에 관해 토론한 적이 있다)이라는 전 세계적으로 공인된 과정을 심각하게 위협하고 있다. 그와 함께 노동에 대한 대가가 아닌, 일반적으로는 시민권이라는 토대를 기반으로 '사회적' 분배

2   James Ferguson and Tania Li, "Beyond the 'Proper Job': Political-Economic Analysis after the Century of Labouring Man," PLAAS Working Paper 51, University of the Western Cape, Cape Town, April 2018.

(연금, 장애수당, 실업보험 등의 '복지제도')를 제공하고 있지만, 그러한 분배를 가장 필요로 하는 사람들은 점점 더 거기서 멀어지고 있다. 불법적으로 국경을 넘어 이동하는 인구가 전 세계적으로 늘어나면서 일터나 거주지에서 시민권에 기반을 둔 사회보호장치에서 소외되고 있기 때문이다.

이와 함께 완전히 새로운 형태로 나타나고 있는 분배 정책들은, 지금 시대에 새로운 종류의 분배요구가 중요해지고 있음을 보여준다. 그 요구는 노동이나 시민권에 기반을 두지 않은 (넓은 의미의) '소유권'이라고 부를 수 있다. 나는 이러한 소유권을 '현존'이라고 부른다. 조금은 수수께끼 같기도 한 이 단어에 대해서는 잠시 후에 설명하겠다. 일단 기존의 노동과 시민권에 기초한 분배의 이상적인 모습에 대해 간략하게 살펴보고, 최근 들어 문제가 제기된 과정을 짚어 보며 논의를 시작하고자 한다.[3]

우선 노동의 측면부터 살펴보자. 경제를 성장시켜 '개

---

3   이어지는 네 단락은 다음의 논의에서 가져왔다. 그러니 타냐 리와 함께 쓴 글이라고 보아야 할 것이다. Ferguson and Li, "Beyond the 'Proper Job'".

발'이라는 과정을 완료하면 정규직이든 비정규직이든 고용이라는 형태가 보편화될 것이라는 일종의 공감대가 전 세계적으로 형성되어 있었다. 현대 사회는 일자리와 고용된 사람으로 형성되리라는 믿음이었다. 이러한 믿음은 너무나도 자주 배신당해왔지만, 여전히 전 세계의 정치가들이 일자리가 모든 문제의 해결책이라고 웅변하고 있는 것을 보면 아직도 매력을 잃지 않고 있다. 모두가 일자리를 갖는 약속된 세상의 뒷면을 보지 못해 헛고생하는 것은 정치가뿐만 아니라 학자들도 마찬가지다.

사실, '적절한 일자리'는 너무나 오랫동안 '개발'이 도달해야 하는 최종 목표 혹은 기준이 되어왔다. 그러면서 다른 방식으로 세상을 살아가는 삶은 '개발'을 저해하고 방해하는 부류로 여기며 백안시해왔다. 아마도 이런 이유로 이른바 불안정성에 대한 논의가 종종 고용 이외의 범주(**실업**, **지하**경제, **비공식** 고용, **불안정한** 사회, 사회**불안** 등)에 대한 분석에 의존하는 게 아닐까 싶다. 이러한 분석에 따르면 '일자리'라는 세상의 밖은 모두 부정적인 공간으로 규정된다.

'선진국'이라는 개념에는 임금노동이 모든 사람의 안정

적인 생계, 사회적 통합과 편입을 위한 기반이 될 수 있으리라는 희망이 굳건하게 자리 잡고 있었다. 산업화되지 않은 농촌 지역에서 생계를 떠난 사람들은 '일자리'만 구하면 근대화된 사회질서에 잘 적응해 그 일원이 될 수 있으리라 생각한다. "그래서 뭘 **할** 건데?"라는 질문에 흔하지만 매력적인 답변은 '일자리'일 수밖에 없기 때문이다. 가장과 가족이라는 성적 역할 구분에 대한 통념, 시간과 공간의 구성, 정규 교육의 역할, 존경심과 미덕, 국가에 대한 공헌, 이 모든 것이 '적절한 일자리'라는 개념에 포함되어 있었다.

보편성이라는 우리의 상상이 점차 백미러 너머로 멀어지고 있는 오늘날, 한때 당연하다고 여겨왔던 상황이 명확하게, 그리고 낯설게 눈에 들어오기 시작했다. 가이 스탠딩 Guy Standing의 지적은 기억해둘 만하다. 그는 전체 인구 중 극히 일부인 안정적인 도시 노동 계급의 생활방식이 순식간에 (어찌 되었든 많은 사람이 인정하고 있듯) 모두의 미래로 제시되어버렸다고 말하면서 20세기를 '노동자의 세기the century of laboring man'로 회상한다.[4]

스탠딩이 주장하듯, '노동자의 세기'가 종말을 맞이했다면, 그 이유는 절대적인 관점에서 안정적인 임금노동자가 사라진 탓이 아니라, 지구적 성장과정에서 더는 임금노동을 보편적인 해결책으로 여기지 않게 되었기 때문이다. 공급망과 노동시장이 세계화되면서 노동 계급의 조직력이 약해지고, 신자유주의적 구조조정과 재정 긴축 탓에 구조적인 실업과 비정규직화가 지속되고 있으며, 최근의 기술발전이 임금노동의 전 분야를 대체하거나 대폭 축소하겠다고 위협하는 상황에서, 오랜 기간 이어져왔던 전환 논리는 이제 설득력이 없다.

일자리가 사회경제적 안정을 가져올 것이라는 믿음이 깨지면서 전 세계적으로 우려가 커지고 있다. 이러한 우려는 상당히 많은 국가에서 더는 안정적인 임금노동(예전에는 한동안 '적정한 일자리'로 간주되었다)으로 살아갈 희망조차 가질 수 없는 인구의 비율이 올라가고 있다는 인식에서 비롯된다. 이는 전체 인구가 자본이 필요로 하지 않는 '잉여'로 존재하는, 다시 말해 항상 고도의 '구조적 실업' 상태에 놓여

4   Guy Standing, *Beyond the New Paternalism: Basic Security as Equality* (New York: Verso, 2002), p. 7.

있는 가난한 국가에만 해당되는 것은 아니다. 부유한 선진국에서도 생산직이 줄어들고 경제 또한 전반적으로 불안정한 탓에 마이클 데닝Michael Denning이 언급한 '무임금 생활자 wageless life'의 비율이 올라가고 있다.[5]

한편, 경제적 영역에서 '적절한 일자리'가 제공하는 안정성과 유사한 안정장치를 정치적 영역에서는 국민국가라는 형태로 제공해왔다. 적어도 이론상으로는 법적으로 인정한 정치적 성원권political membership에 따라 일련의 명백하고 보편적인 권리와 의무가 보장되어왔다. 그리고 이 또한 분배정치의 핵심 질문, '누가, 왜 무엇을 받는가?'에 대한 답을 제공하는 데 도움이 되었다. '노동'의 관점에서 임금이 노동의 대가로 비쳤다면, 일할 수 없는 상황이거나 대가를 받지 않는 노동에 종사하는 '노동하지 않는' 사람들에게도 언제나 같은 질문을 던질 수밖에 없다. 어린이, 노인(종종 가임기 여성도 포함)들은 '노동자', '가계 부양자', '가장'에게 의존할 수밖에 없는 합법적인 '피부양자'로 취급되었다.

5   Michael Denning, "Wageless Life," *New Left Review* 66 (2010).

하지만 장애나 예측할 수 없는 경기변동에 따른 실업으로 일할 수 없는 사람들도 있다. 그리고 여기서 국민국가는 종종 '복지국가'라는 형태로 직접적인 분배자 역할을 했다. '복지국가'는 '사회안전망'이라는 이름으로 '가난한 사람들'에게 직접적인 사회적 지원 형태로 또 다른 합법적 의존성을 제공해왔다. 분배 결과에 국가가 직접 개입하는 가장 순수한 사례로 볼 수 있는 사회적 지원은 내가 정의한 분배정치의 두 기반에 분명히 연결되어 있다. 첫째는 일반적으로 노동자가 **아닌** '피부양자'(어린이, 고령자, 장애인, 가임기 여성 등)에게 제공된다는 점이다. 노동자('부양자', '신체가 멀쩡한 노동자')와는 완벽한 대척점이다. 둘째는 사회적 지원이 거의 언제나 국가에 소속된 집단 내의 시민권자로 한정된다는 점이다.

이러한 사회정책은 타협의 여지 없이 국민국가의 성원권과 결합된 상태로 지금까지 유지되어왔다. 이미 제대로 기능할 수 없는 쪽으로 상황이 바뀌고 있음에도 말이다. 그런 이유로 국가 수준을 벗어나는 분배의무는 생각조차 할 수 없는 상황이며, 전 세계적인 기본소득 같은 글로벌 수준의 재분배 프로그램이라는 이상은 추진력을 얻지 못하고 있다.

앞에서 언급한 노동과 시민권에 기반을 둔 분배방식을 승인하고 법제화해왔던 예전 방식이 더는 작동하지 않기 때문에 사회적 의무에 대한 인식을 시급하게 바꿔야 할 필요가 생겼다. 그뿐만 아니라 점점 더 많은 인구가 기존의 방식에 기반을 둔 모든 형태의 분배방식에서 배제되고 있다. 노동에 기반을 두거나 국가의 시민권에 기반을 두거나 간에 이 요건을 충족하지 못하는 인구가 증가하고 있기 때문이다. 이젠 농부가 아니기에 땅을 경작해서 생계를 이어가지 못하거나, 일할 형편이 되지 않아 노동력을 팔지 못하는 상황에서 내가 전작에서 언급한 '분배생계distributive livelihoods'(노동이 아닌, 사회적·정치적으로 다른 사람의 수입에 기대는 생계)에 의존하는 도시인구가 증가하면서 노동에 기반을 둔 체계가 무너지는 데 일조하고 있다.[6]

국가 프레임에서 벗어난 자들 중에는 임금노동과는 무관하게 사회보장제도 등 시민권에 기반을 둔 분배의 혜택을 받지 못하는 사람들도 포함된다. 남아프리카는 물론이고 세계 어디서든 불법 체류자로 낙인찍힌 비합법적 이민자들이

6   제임스 퍼거슨, 『분배정치의 시대―기본소득과 현금지급이라는 혁명적 실험』, 조문영 옮김, 여문책, 2017.

빈민층의 상당 부분을 차지할 정도로 증가하고 있음에도 정치적·분배적 권리를 행사할 수 없기 때문이다. 무시할 수 없는 수준으로 벌어지고 있는 분배할당 시스템의 국가 간 간극을 볼 때, 나는 노동과 시민권 이외의 어떠한 기반이 새로운 종류의 분배요구를 충족시킬 수 있을지 묻고 싶다. 다시 말하면 어떠한 제도적인 원칙을 기반으로 사회적·정치적 역학관계가 재구성될 수 있을지에 대한 질문이다. '누가 무엇을 갖는가? 왜?'라는 질문에 답을 줄 수 있는 새로운 방법은 무엇인가? 여기서 나는 새롭게 대두되고 있는 두 영역을 언급하고자 한다. 하나는 내가 '소유권'이라 부르는 것이다.[7] 다른 하나는 내가 '현존'이라 부르는 것이며 이 에세이의 주제이기도 하다.

내 책 『분배정치의 시대』에서 상당히 많은 분량을 할애해 주장한 '소유권'에 대해 먼저 살펴보자. 전적으로든 부분적으로든 우리는 생산적인 노동에서 배제되어 있더라도 때때로 자신을 궁극적이거나 정당한 '소유자'라고 인식하는 집

---

7   앞의 책.

단에 속한다고 생각해 강력하게 분배를 요구할 수 있다는 점이다. 노동가치론과 '노동자는 피억압 계층'이라는 인식에 기반을 둔 마르크스주의는 임노동자 계급에 혁명성을 부여하면서, '룸펜'이라 불리는 소외된 비노동자 대중의 정치와 지속적으로 갈등해왔다.

그러나 『분배정치의 시대』에서 나는 생산 시스템에서 역할을 맡지 못하고 배제된 사람들에게 좀 더 많은 것을 제안할 수 있는 대안적인 좌파 전통이 풍부하게 이어져왔음을 제시했다. 무정부주의 공산주의자인 피터 크로포트킨Peter Kropotkin의 경우, 분배에 관한 보편적인 요구와 분배 정의의 개념은 노동이 아닌 궁극적으로 사회적인 **성원권**에서 출발함을 항상 주장해왔다.

넘쳐나는 우리의 부는 어디서 온 것인가? 이전 세대보다 우리가 훨씬 더 생산적인 이유는 무엇인가? 우리가 그들보다 뛰어난 인종이어서는 아니다. 우리가 더 열심히 일을 하는 것도 아니다. 하지만 우리는 100년, 아니 1,000년의 인류 역사를 거치면서 세대를 이은 노동과 희생, 발명으로 건설된 거대한 지구적 생산조직을 통해 그들이 꿈도 꾸지 못했던 거대한 부를 창출할 수 있었다. 그 과정에서 지구 전체적으로 수백만 명이 엄청난 고통에 시달리고 있다.

이 거대한 부를 생산하는 조직은 과연 누구의 것인가? 현시점에서 소리 높여 소유권을 주장하고 있는 기업의 주주들만은 분명히 아니다. 그 조직을 만들기 위해 일하고, 상상하고, 고통받고, 피 흘린 모두의 후손들, 간단히 말하면 우리 모두의 것이다. 이 관점에서 본다면 생산과 관련된 모든 체계는 통합된 유산이다. 그리고 크로포트킨은 공통의 소유권에 대한 요구에서 보편적인 분배요구를 도출해낸다. 분명한 것은 적어도 전체 산출물의 일정 부분은 생산조직의 모든 사람에게 소유권이 돌아가야 한다는 사실이다. 다시 말해 모든 사람이 지분을 가져야 한다는 것이다.

노동자들에게 우선권이 있는 것이 아니라 사회의 구성원, 즉 우리 모두가 거대한 공동 자산의 상속자로서 지분을 가지고 있다. 이 관점에서 보자면, 유산은 노동에만 기반을 두고 있는 것이 아니라 고통받고, 피 흘리고, 창의력을 발휘해서 함께한 경험에 바탕을 두고 있다. 따라서 가치의 원천은 사회 전체인 것이다. 그러므로 사회의 과실에 대한 정당한 권리는 노동자가 아닌, 상속자이면서 이 모든 것을 공동으로 소유하고 있는, 사회를 구성하는 모든 구성원에게 돌아가야 한다.

『분배정치의 시대』에서 내가 제시한 이러한 주장은 단순히 학문적인 관심만은 아니다. 나미비아의 기본소득 보조금 정책 옹호자들 역시 놀랍도록 비슷한 주장을 펼쳐왔다. 그들은 모든 나미비아 국민이 국가와 광물자원의 실질적인 **소유자**이기 때문에 국가의 부에 대한 지분share을 가지고 있으며 매달 현금을 지급받을 자격이 있다고 주장한다.[8]

이들의 주장에 따르면, 정부한테 매달 적정한 수준의 금액을 받는 것은 단순히 소유자에게 정당하게 분배되는 지분에 기반을 둔다. 따라서 시민권에 따른 가장 기본적인 권리는 투표권이 아니라 '국가의 부에 지분을 갖는 것'이다.[9]

이 개념에 따르면, 정부한테 직접적으로 교부금을 받는다고 해서 동정이나 적선을 받는 것처럼 부끄러워하거나 낙인을 찍을 필요가 없다. 나미비아 국민들은 국가 전체가 소유하는 '부의 참여자'로서 자신들의 정당한 권리인 지분을

8   앞의 책, 311~317쪽.
9   앞의 책, 122쪽.

받는 것이다. 그러므로 국부의 정당한 공동 소유자인 그들은 선물을 받는 것도 아니고, '도움'을 받는 것도 아니다. 이미 그들의 몫으로 할당되어 있는 '정당한 지분'이기 때문이다.

그러나 지분과 분배방식에 대한 이러한 주장이 아무리 강력해도 국가 혹은 정부를 대표하는 기관이 승인한 집단적인 성원권에 기반을 두는 한 근본적으로 배제라는 원칙을 따를 수밖에 없다. 따라서 내가 앞에서 언급한 두 번째 문제가 제기된다. 극도로 유동적인 오늘날의 세계에서, 많은 국가의 가장 가난한 사람들은 시민권이 없다는 이유로 정부가 제공하는 보호망에서 철저하게 배제되어 있다. 바로 이 지점에서 이론적으로 심오하기도 하면서 필연적으로 현실적일 수밖에 없는 핵심 질문이 등장한다. 시민권에 따른 지분 **이외에** 무엇을 기반으로 분배의무(지분의 의무)를 설정해야 하는가? 즉, 시민권으로는 정당한 지분을 주장할 수 없는 상황에서 지분을 의무화하려면 어떤 방법이 있을까? 이 질문에 답하기 위해서는 사회적 의무에 대해 좀 더 상세히 살펴볼 필요가 있다.

나눔에 관한 에세이

사회적 의무라는 것은 법률·윤리·철학의 문제가 아닌, 오롯이 사회적 문제로 접근해야 한다는 사실은 인류학자에게는 말할 필요도 없는 것처럼 보일 수 있다. 사회적 의무라는 것은 인류학에서 중요하게 관심을 모으는 연구 주제다("부록: 일부 이론적인 대조와 설명" 참조). 그러나 지금 시점에서도 '사회적 의무'에서 '사회적'이라는 부분에 아무런 논란이 일어나지 않고 있다는 점을 주목할 필요가 있다. 오랫동안 정립된 '사회적'이라는 개념이 최근 몇 년 동안 비판받거나 재검토되어왔을 뿐 아니라 '사회적'이라는 것의 실체 자체가 논쟁거리가 되고 있다.

사회라는 개념을 그냥 이대로 내버려두어도 되는 것일까? 예전에 니콜라스 로즈Nikolas Rose의 초대로 '사회적인 것의 죽음'이라고 부르던 것을 함께 숙고한 적이 있다.[10] 푸코의 관점에서 이해되는 오늘날 신자유주의 정부는 사회적 실체가 아닌 거래 당사자 간의 연결망으로 운영된다. 여기서는 의무가 아닌 '인센티브'에 반응할 뿐이다. 행위자-연결망 이론actor-network theory의 옹호자들은 '사회'라는 개념을 무시하고, 사물을 군집으로 연결하는 모호한 과정을 '사회적'이라고 표현한다. 이것이 '사회'라면 심지어 가리비조개도 '사회적'이라고 할 수 있을 것이다.[11]

한편, 세계 보건 분야에서 활동하는 토비아스 리스Tobias Rees는 게이츠 재단에 대한 연구에서 '사회'라는 개념은 빠르게 사라지고 있으며, '인류humanity'라 부르는 새로운 지식과 조정의 대상으로 대체되고 있다고 보고한 바 있다(세계 보건 분야 실무자들은 '인류'라는 용어를 정치적이 아닌 생물학적으로

---

10   Nikolas Rose, "The Death of the Social? Re-figuring the Territory of Government," *Economy and Society* 25, no. 3 (2006).

11   Bruno Latour, *Reassembling the Social: An Introduction to Actor-Network-Theory* (New York: Oxford University Press, 2005); cf. Michael Callon, "Some Elements of a Sociology of Translation: Domestication of the Scallops and the Fishermen of St Brieuc Bay," *Sociological Review* 32, no. 1_suppl (1984).

구성된 단일체로 이해하고 있다).[12]

그러나 사회라는 최소한의 개념이 없다면 우리는 '사회적 의무'라는 것을 이끌어낼 수 없다. 그리고 우리가 사회라는 것이 의무라는 개념과 깊은 연관을 가지고 있음을 인정하지 못한다면 사회의 진정한 힘, 그리고 그 개념에서 비롯된 다양한 관점의 지속적인 힘을 놓칠 우려가 있다. '사회적 의무'에서 의미하는 '사회적'이라 함은 생물학적인 인구집단이나 행위자들의 네트워크, 시장으로 연결된 경제적 이해당사자들의 집합이 **아닌**, 뒤르켐의 주장처럼 **도덕적 단일체**를 가리키는 것이다. 그리고 뒤르켐에 따르면 사회와 관련된 모든 개념은 정확하게 '사회'를 의미한다. 이는 개인 간의 단순한 집합이나 연합이 아닌, 구성원들이 구속력 있는 의무로 묶인 특정한 종류의 집단적 자아를 의미한다. 거의 모든 분야의 사회 비판과 사회 개혁 프로젝트는 오랫동안 이러한 개념에 의존해왔으며, 사회에 속한다는 것은 구속력

12   Tobias Rees, "Humanity/Plan; or, On the 'Stateless' Today (Also Being an Anthropology of Global Health)," *Cultural Anthropology* 29, no. 3 (2014), doi.org/10.14506/ca29.3.02.

있고 도덕적으로 승인된 의무를 수반하는 것이다.

그러나 오늘날 '사회'란 무엇이며 '사회적 의무'란 무슨 의미일까? 우리는 아직도 사회는 회원제 조직이라는 19세기의 낡은 생각과, 사회를 규정하고 범위를 정하는 것은 원칙적으로 국민국가라는 전제에 사로잡혀 있다. 이러한 개념은 사회과학이 태동한 핵심이며, '사회보험', '사회복지', 여타 '사회정책'의 기본이 되고 있다. 하지만 우리 시대가 엄청난 도전에 직면한 지금, 권한을 부여받은 국민국가 구성원의 집합체와 '사회'가 같은 것이라는 인식 때문에 우리는 엄청난 실패를 겪어야 했다.

우리가 살고 있는 국경 안쪽에서 비시민권자들을 상대할 때 문제점은 분명해진다. 여기서 국적과 시민권에 뿌리를 둔 권리와 정치 공동체에 대한 개념은 냉혹한 현실을 맞게 된다. 많은 수의 사람들이 국가 서비스와 사회적 지원을 필요로 하지만 이들 중 다수가 '사회'의 법적 구성원이 아니기 때문이다. 그러나 우리가 우리와 무관하다고 할 수 없는 외국 땅에서 절박한 도움이 필요한 시리아 난민 같은 사람들에게 사회적 의무를 어떻게 적용할 수 있을지 파악하고자 할 때 문제는 분명해진다.

이 경우 사회적 의무를 어찌 생각해야 할까? 이 의무를 실행할 수 있는 적절한 '사회'는 무엇일까? 단순한 국가적 연대는 실패해왔고, 상상 속의 '국제사회'에 호소하는 것은 그다지 쓸모없어 보인다. 실제로 '세계 시민권'이나 '세계 공동체' 같은 추상적인 개념을 끄집어낼 수도 있겠지만, 현재 상황에서는 가장 약한 종류의 의무, 즉 '인도주의적humanitarian' 의무만 유지할 수 있다는 것은 분명하다.[13]

『분배정치의 시대』에서 나는 분배의무의 대안으로 지분이라는 형식을 제시했다. 내가 관찰한 결과, 지분이란 자선 물품도 아니고 시장에서 거래되는 것도 아니다. 지분을 특징짓는 것은 모든 형태의 교환보다 앞서는 공통의 소유권에 기반을 둔다는 점이다. 따라서 지분을 나누는 행위는 대가나 교환이 아닌 모든 분배행위에 앞서는 공통적인 형태에

13 　종종 상상하는 것보다 훨씬 더 복잡한 것으로 밝혀진 '인도주의적' 자원봉사자들의 실제 동기에 대해서는 이 책을 참고할 것. Liisa H. Malkki, *The Need to Help: The Domestic Arts of International Humanitarianism* (Durham, NC: Duke University Press, 2015).

기초한 일종의 사회적 의무를 수반한다.[14]

또한 지분은 정당한 상황에 대한 인식이기 때문에 '권리'에 기반을 두지 않는다. 이러한 인식을 바탕으로 한 사람의 소유권자가 지분을 가져야 한다는 강한 사회적 의무는 다른 **공동** 소유자가 자신에게 주어진 **마땅한** 몫을 받을 것이라는 강한 기대의 또 다른 측면이 된다. 이를 나는 '정당한 지분 rightful share'이라고 부른다.

그렇다면 이런 상황에서 '공동 소유자'는 누구이며 누가 그들을 소유자로 만들었을까? 최근 수십 년 동안 지분에 대한 기대가 대규모로 제도화되었던 곳에서는 거의 항상 국민국가의 구성원이라는 원칙을 통해 이루어졌다. 조세체계, 노령연금, 사회안전망 등의 국가제도를 뒷받침하는 것은 국가 차원의 연대였다. 실제로 사회보호의 대상과 범위를 확장시키기 위한 최근의 가장 의욕적인 제안(『분배정치의 시대』에서 살펴보았던 '기본소득' 같은 제안) 역시 국민국가의 차원에

---

14   다음 책은 증여와 나눔에 대해 인류학적으로 명쾌하게 구분해서 설명하고 있으며, 상호주의적 교환에 따른 나눔에 대한 분석에 반대하는 주장을 설득력 있게 전개하고 있다. Thomas Widlok, *Anthropology and the Economy of Sharing* (New York: Routledge, 2017), pp. 1~29.

머물고 있다.[15]

하지만 그러한 지분의 기초가 국가의 성원권, 즉 국민 국가의 시민권에서 비롯된다고 이해한다면, 성원권으로 이루어진 집단의 폐쇄적이고 배타적인 성격 때문에 원칙과 실천 모두 즉각적인 문제에 봉착하고 만다. 예를 들어 남아프리카공화국의 저소득층 국민들은 국가의 일원이자 국부의 소유자이기에 그에 대한 '정당한 지분'을 요구할 수 있다. 그러나 남아프리카공화국에 살고 있는 수많은 (일반적으로 더 가난한) 모잠비크인이나 짐바브웨인의 경우는 어찌해야 할까? 이러한 문제는 당연하게도 남아프리카공화국만의 문제는 절대 아니다. 전 세계적으로 증가하고 있는 불법 이민자들에 대한 국가의 대응이 어느 때보다 절실하게 요구되고 있는 상황이지만 정부의 정책은 실패만 거듭하고 있다.

이러한 상황을 관찰하다 보면 지분에 대한 의무가 실제로 국내 또는 기타 제한된 회원 그룹에만 적용될 수 있는

---

15   『분배정치의 시대』 결론 부분에서 약간의 예외적인 부분을 다룬다. 전 세계적인 기본소득 조직인 기본소득 지구 네트워크Basic Income Earth Network는 (이름에서 알 수 있듯이) 궁극적인 이상으로 지구 전체를 다루고 있지만, 구체적인 운동과 입법 활동은 대체로 개별 국가 수준에 머물고 있다.

지 궁금해진다. 그리고 이런 질문을 해볼 수 있겠다. 그러한 사회적 의무가 미리 정해진 '구성원'에 대한 의무가 **아닌** 무엇이라면 어떤 형태가 될 것인가? 이 질문에 우리는 과연 어떤 대답을 할 수 있을까? 이를 설명할 수 있는 아이디어를 다듬어보는 것이 이 에세이의 목적이다.

『분배정치의 시대』의 마지막 장에서 제시한 아이디어는 내가 토머스 위드록Thomas Widlok[16]을 따라 '현존'이라고 부르는 것이 성원권과 마찬가지로 지분을 나누기 위한 사회적 의무의 강력한 근거가 될 수 있다는 것이다. 내가 제안한 현존('여기'에 존재한다는 명확한 사실)을 근거로 한 요구는 훨씬 중요하고 훨씬 정치적으로 기대해볼 수 있을지도 모른다. 우리가 미처 인식하지 못했을 뿐.

만약 그렇다면 성원권이 아닌 현존에 기반을 둔 이러저러한 요구에 주의를 기울임으로써 새로운 정치적 분배방식을 찾을 수 있을지도 모른다. 그렇게 된다면 우리가 수용해온 정치적 틀이 야기한 현재의 막다른 상태를 벗어날 수 있을지도 모른다. 그 정치적 틀은 법률, 국가와 권리에 너무

---

16   Thomas Widlok, "Virtue," in *A Companion to Moral Anthropology*, ed. Didier Fassin (Hoboken, NJ: John Wiley, 2012).

나 많은 비중을 두는 반면 직접적인 사회적 존재와 그에 따른 사회적 의무는 등한시해왔다. 그러나 전작의 말미에서 아무런 설명이나 보충 없이 제시한 제안이었기에 적절한 설명이라기보다는 도발에 가까웠다. 이제 현존과 사회적 의무라는 문제의 연관성에 대해 공식적으로 주장을 전개하고자 한다.

인류학적으로 접근하는 사회적 의무

우선 사회적 의무를 철학적 문제가 아닌 인류학적 혹은 지리적 문제로 접근해보자.[17] 최근 들어 인류학자들이 심

---

17   장소와 시민권의 맥락을 논의한다고 해서 의무와 권리를 다루는 정치철학 분야를 무시하는 것은 아니라는 점을 분명히 하고 싶다. 여전히 활기차고 배울 것이 많은 분야이기 때문이다. 모두 인상적이고 중요한 주제다. 다음을 참조하라. Paulina Ochoa Espejo, "Taking Place Seriously: Territorial Presence and the Rights of Immigrants," *Journal of Political Philosophy* 24, no. 1 (2016); Jeremy Waldron, "The Principle of Proximity" (Public Research Law Paper no. 11-08, New York University School of Law, January 2011); 그리고 조금 다른 관점도 있다. Étienne Balibar, "Toward Co-Citizenship," in *Equaliberty: Political Essays*, trans. James Ingram (Durham, NC: Duke University Press, 2014). 그러나 규범적인 '당위'에 대답하려 하는 대신("자유민주주 체제는 이미 자신의 영토에 물리적으로 거주하는 비시민권자를 어떻게 대해야 하는가?"—Ochoa Espejo, "Taking Place Seriously," 67), 나는 '현실'에 대한 더 나은 이해를 통해 좀 더 인류학적인 접근방식을 추구한다. 즉, 성원권이 없는 사람들이 분배를 주장하기 위해 어떻게 자신의 존재를 효과적인 활동 기반으로 전환하는지에 대한 이해를 우선하고자 한다.

각한 문제를 다룰 때 철학자의 권위에 의존하는 모습은 경솔해 보인다. 나는 마르셀 모스Marcel Mauss의 예를 따르는 편이 더 낫다고 생각한다. 그의 책 『증여론Essai sur le don』과 이 에세이의 부제(원서 부제: 나눔에 관한 에세이An Essay on the Share)가 매우 비슷한 이유이기도 하다. 모스는 선물의 세 가지 핵심 의무, 즉 증여의 의무, 수령의 의무, 답례의 의무를 정의한 것으로 유명하다. 그러나 이를 이끌어내는 과정에서 그는 철학적으로 접근하지 않았으며, 규범적인 입장에서 이를 옹호하지도 않았다. 대신 사회학적인 사실의 집합으로 다루었다. 예를 들면 선물을 받는다는 것은 답례의 의무를 함축한다.

모스는 답례를 강제하는 영혼이 선물에 깃들어 있다는 폴리네시아 사람들의 생각이 이를 훌륭하게 담고 있다고 지적한다. 그는 왜 사람들이 의무감을 **느껴야 하는지** 질문하지 않는다. 심지어 왜 그런 행동을 하는지조차 묻지 않는다. 그는 관찰한 사실을 토대로 논의를 시작할 뿐이다. 다양한 양상의 사례는 사람들이 선물 자체가 답례를 요구하는 것으로 느끼고 있다는 사실을 잘 보여준다. 폴리네시아 사람들은 이를 표현하는 특정한 단어도 가지고 있다. 선물에 관한 일종의 의무를 느끼는 것은 그들만이 아니다. 모스의 관점에서 선물은 늘 이러한 의무를 포함하고 있다는 단순한 사회학적인 사실이다. 그는 바로 여기에서 논의를 시작해야 한다고 말한다.[18]

마찬가지로 이런 질문도 가능하다. 선의를 베푸는 행동이 **실제로는** 의무로 받아들여지는 경우는 언제일까? 이 질문은 규범이라기보다는 설명을 해야 하는 문제임을 알아두자. 다시 말해 공통의 미덕을 공유하지 않는 것이 해당 사람들에게 부적절하거나 심지어 불가능해 보이는 경우는 언제인가? 이런 인식은 의무가 항상 이루어짐을 의미하는 것은 아니라는 사실에 주의하자. 모든 선물에 대해 실제로 답례가 주어진다고 가정하는 것은 너무나 순진한 생각이다. 단지 답례를 하지 않는 것이 부적절하거나 있을 수 없는 일이라고 인식할 뿐이다. 그리고 어떤 일반 원칙, 가령 모스가 선물과 답례의 의무에 대해 정의한 원칙과 같은, 즉 광범위한 민속지학적 사례를 통해 공유의무에 대한 판단을 내릴 수 있는 지침을 정의할 수 있을까?

18   Marcel Mauss, *The Gift: The Form and Reason for Exchange in Archaic Societies*, trans. W. E. Halls (1924; New York: W. W. Norton, 2000).

공유의무는 얼굴을 맞대고 살아가는 사회에서 특징적으로 나타나는 작은 규모의 현상으로 보이기도 한다. 그러나 이런 인식은 적절하지 않다. 모든 소규모 집단이 공유의무를 내세우지는 않으며, 소규모로 한정지을 필요도 없다. 나는 훨씬 큰 규모에서 공유의무가 작동하는 경우도 제시하려 한다. 공유의무가 발견될 것으로 예상되는 조건들을 특정한다면 좀 더 정확하게 판단할 수 있다. 가장 기본적으로 가능한 조건을 살펴보면 다음의 두 가지 모두에 해당하는 경우, 일반적으로 어떤 사람의 요구가 공유의무로 이해될 수 있다.

우리 중의 하나(**성원권**의 속성)
여기 우리와 함께 있기 때문(**현존**의 속성)

여기서 내가 말하고자 하는 것은 두 속성 중 하나만 있어도 **어느 정도** 힘을 발휘할 수는 있지만 성원권과 현존이 동시에 작동할 때의 힘보다는 결코 **강력하지** 못하다는 점이다. 공유와 **성원권** 간의 연결고리는 진부해 보일 정도로 익숙하다. 지분을 나누는 것은 학교 운동장에서 뛰어노는 친구들 사이에서, 혹은 월스트리트에서 증권을 발행할 때 흔히 일어나는 일이다. 공유와 **현존**의 연결고리는 그다지 익숙하지 않은 것이 분명하다. 하지만 지분에 대한 요구를 제기하는 데 있어 현존의 중요성은 인류학, 특히 수렵채집사회에 대한 최근의 연구 결과에 잘 정리되어 있다.[19]

그 연구 결과에 따르면, 이 사회에서는 고기와 같은 귀중한 물품의 배분은 전적으로 지분에 대한 요구에 따라 진행된다. 이를 '공유요구demand sharing'라고 한다.[20] 나누는 현장에 있는 모든 사람이 공정하게 분배를 요구할 것이다. 이런 상황에서 지분은 관용이나 자비로 베푸는 것이 아니라 **확보하는** 것(지분은 '요구'이며 '공유sharing'는 강제적)이다.

이러한 '공유요구'의 맥락에서 '분배를 받을 자격이 있는 사람은 누구인가?'라는 질문에 대한 답은 언뜻 보기엔 단순하다. '여기 있는 사람은 누구나.' 물리적인 존재는 필수적이다. 사냥에 참여하지 않은 사람은 사냥으로 획득한 고기

---

19   여기서 나는 공유에 관한 광범위한 인류학 문헌, 특히 토머스 위드록의 영향을 받아왔다("부록: 일부 이론적인 대조와 설명" 참조). 그가 전반적으로 공유에 대해 검토한 문헌들을 참고하고, 특히 '공유요구'에 대해서는 Widlok, *Anthropology and the Economy of Sharing*을 살펴보길 바란다.

20   Nicolas Peterson, "Demand Sharing: Reciprocity and the Pressure for Generosity among Foragers," *American Anthropologist*, n. s., 95, no. 4 (1993).

를 얻을 자격이 없다. '여기에 있는 사람'에게만 몫이 분배된다. 그러나 물론 이들에게도 성원권이 전혀 의미가 없는 것은 아니다. 사냥에 참여하지 않은 구성원은 몫을 요구할 권리를 갖지 못하는 것과 마찬가지로, 그 자리에 있다고 하더라도 우리 구성원이 아니라면 배제되기도 한다. 일반적으로 가장 강력한 권리는 성원권과 현존의 조합에서 발휘된다.

이처럼 간명하게 상황을 인식하게 되면, 특정한 상황에서 분배의무가 이루어지도록 영향을 미칠 수 있는 모든 민속지학적 세부사항들을 무시하고 지나칠 수 있다. 어떤 상황에서 그러한 의무가 거부되거나 무시되는지, 왜 어떤 사람은 다른 사람보다 더 좋은 지분 또는 더 많은 지분을 받는지 같은 사항들이 그것이다. 분배의무에는 **모든** 물품이 분배되어야 한다거나 동등하게 분배되어야 한다는 정해진 원칙은 없기 때문이다. 그러나 모스가 고려한 선물의 의무와 마찬가지로 일련의 의무에 대한 단순한 조건들을 구분해낸다면 얻을 수 있는 것도 있다. 이 조건들이 사회적으로 제도화된 분배 관행을 형성하는 아주 복잡하고 구체적인 형태의 기초가 될 수 있기 때문이다.

현대 서구에서 우리는 '우리 사회'의 동료 구성원에 대해 최소한의 의무가 있다는 생각에 익숙하다. 다시 말해 국가라는 추상적인 성원권에 따른 구성원이기도 하면서 '같은 나라'라는 지리적 공간에 함께 현존하기 때문이다. 이 방식에 따라 우리를 형성하는 구성원이기도 하면서 여기 우리 곁에서 현존하는 사람들에게 어떤 종류의 사회적 의무가 주어진다는 사실은 명백하다. 어떤 특정한 방식을 택해야 하는지는 명백하지 않지만 말이다. 사실 우리는 이러한 의무가 강도도 약하고 도덕적 제약도 약하지만 가족 간에 지켜야 할 의무와 비슷한 종류라고 생각하기도 한다.

　　이와 같이 상대적으로 강한 의무와는 대조적으로 국가의 기능을 확장해서 유추해본다면, 멀리 떨어져 있는 타국의 사람들에게 '인류애'에 기반을 둔 성원권이 긴급하게 요구되는 상황을 생각해볼 수 있다. 한편, 망명 절차를 밟고 있는 난민과 같이 물리적으로 가까이 있지만 성원권이 없는 대상에 대해서는 상당히 미약한 형태의 의무만을 진다. 두 상황 모두에서 우리는 **성원권이 결여된 현존**과 **현존이 결여된 성원권** 모두 약점이 있음을 지적할 수 있다. 그러한 정식화는 우리에게 실질적인 의무를 부여하지 않는다. 오히려 멀리 떨어진 다른 사람들 역시 결국 희석된 의미로 '우리 중 하나'인 인간이라는 막연한 연민을 **느낄 수밖에 없도록** 만들고 무기력한 죄의식을 불러일으킨다.

내 생각으로는 성원권과 현존에 대한 이러한 기준의 차이는 명확하다. 그러나 아프리카 남부를 살펴보면 이 두 원칙은 서구 정치 이론이 흔히 가정하는 것보다 더 역동적인 방식으로 결합되어 있음을 보여준다. 그곳에서는 현존과 성원권이 종종 훨씬 더 유연하게 연관을 맺고 있기 때문이다. 유럽 사회에서는 '피와 흙'이 배제의 원칙으로 작용해왔다. 잘못된 혈통을 가졌거나 잘못된 곳에서 태어났다는 이유로 추방되거나 배제될 수 있었다.

그러나 아프리카 남부 지역의 사회는 지금은 늘 그렇지는 않지만 **오랫동안**longue durée 역사적으로 외부인을 배척하지 않았다. 오히려 때때로 '사람이 재산'이라며 외부인을 통합하는 수단을 매우 정교하게 고안했다. 그리고 그러한 '재산'을 확보하기 위해 그들은 흙으로 상징되는 영토와 피로 상징되는 인간적 요소를 소속감으로 연결시킬 수 있는 좀 더 유연하고 유쾌한 개념을 전통으로 이어오고 있었다.

외국인들은 오랜 기간 함께 일하면서 그들의 땀이 흙에 스며들고, 혹은 함께 고난을 겪으면서 흘린 피가 함께 살아가는 생생한 정신적 단결의 원천이 되어 어떤 장소에 지속적인 애착을 갖게 되는 경우가 많다.[21]

여기서 관건은 어디서 태어났는지, 부모가 누구인지와 같은 법적인 시민권이 아니라 가뭄을 함께 겪고, 같은 땅에 땀을 쏟으면서 공유된 물리적 존재가 만들어낸 육체적인 유대라는 점이다. 이처럼 오래된 정치적 전통에서 '여기'에 존재한다는 사실은 많은 것을 의미한다. 그리고 시간이 지나면서 그러한 물리적인 존재는 실제로 성원권과 통합된 단일체가 **된다**.[22]

따라서 이웃이라는 관계는 강력한 요구가 발생할 수 있는 지점이다. 잠베지아Zambezia*의 탁월한 민속지학자인

---

21   짐바브웨에 관해서는 다음을 참고할 것. David Lan, *Guns and Rain: Guerrillas and Spirit Mediums in Zimbabwe* (Berkeley: University of California Press, 1985); Donald Moore, *Suffering for Territory: Race, Place, and Power in Zimbabwe* (Durham, NC: Duke University Press, 2005).

22   남부 아프리카와 미국의 차이가 개념적으로 절대적인 것은 아니다. '고통을 공유'함으로써 합법적인 미국 시민권을 부여받을 수 있기 때문이다. 예를 들면 특정한 상황에서는 군복무를 통해 외국인이 미국인으로 '귀화'할 수 있다.

*   모잠비크 중부의 주: 옮긴이.

페이션스 무수사Patience Mususa는 구리광산 지역에서 아주 좋은 사례를 찾아냈다.[23] 그녀는 자신이 직접 수리해서 살기 위해 루안샤라는 도시 인근 지역의 집을 샀다. 얼마 후 한 이웃 남자가 다가와 자기 아내가 집안일을 해주는 대가로 무수사의 집 뒤편에 비어 있는 방으로 이사해도 되겠는지 물었다. 무수사는 자신은 가사 도우미가 필요 없고 방을 세 줄 생각이 없다며 정중하게 거절했다.

그러나 몇 주 후 이사 온 그녀는 자신의 집에 이미 들어와 살고 있는 그의 가족을 발견했다. 그녀는 화가 났지만 빈 방을 **어쩔** 생각이었느냐고 묻는 이웃들의 반응을 보고 이내 화를 가라앉혔다. '방을 비워둔 채로 독차지하는 건 이기적이지'라고 생각하는 이웃들의 눈빛을 알아채고, 그녀는 흔쾌히 그 가족을 머물도록 했다. 비슷한 경우로, 어느 날 그녀가 퇴근하고 왔더니 낯선 두 여인이 그녀가 뒷마당에 심어두었던 채소를 거두고 있었다. 여인들은 전혀 당황한 기색 없이 명랑하게 외쳤다. "당신 마당에서 채소 조금 훔치고

---

23   Patience Ntelamo Mususa, "There Used to Be Order: Life on the Copperbelt after the Privatisation of the Zambia Consolidated Copper Mines" (PhD diss., University of Cape Town, 2014), p. 133.

있었어요!" 당연하게도 민속지학자는 이렇게 대답했다. "혼자 살아서 그걸 다 먹지도 못했을 거예요." 무수사가 이야기하는 그러한 '도움'은 흔한 일일 뿐만 아니라 누구라도 받아들일 수 있는 수준이었다.[24]

분배의 가장 중요한 양상 중 하나는 '무엇인가를 가져가려는 사람을 방해하지 않는' 관행이라는 위드록의 주장[25]은 적절한 지적이다. 이것이 요구에 따른 분배의 논리이며, 단순히 이웃하고 있다는 것, '여기'에 존재한다는 사실, 이웃이라는 상태에 정확하게 뿌리를 두고 있다.

그러나 내가 제시하는 현존에 기반을 둔 사회적·정치적 논리는 여전히 심각하게 과소평가되고 있다. 내가 '성원권'이라 부르는 원칙('우리 중 하나')은 시민권의 형태로 법적으로 명확하게 인정되고 있으며, 정치적 주체성에 대해 끊임없이 비판적인 분석의 대상이 되고 있지만, '현존'의 원칙('여기, 우리와 함께')은 대체로 상식 수준에 머물고 있다. 실제로 의무를 가능하게 하는 것이 얼마나 핵심적인지, '여기'

---

24   앞의 논문.
25   Widlok, *Anthropology and the Economy of Sharing*, p. 28.

에 존재한다는 명백하고 자명한 조건이 얼마나 확실하게 구성되어 있는지 우리는 아직 완전히 깨닫지 못하고 있다.

그러므로 다음 단락에서 현대 공유정치의 기초가 되는 현존이라는 아이디어를 개념적·정치적으로 재작업함으로써 무엇을 얻을 수 있을지에 대한 질문으로 돌아가고자 한다.

나눔의 확장

나눔과 현존의 관계를 재조직하려면 수렵채집인들이나 구리광산 지역 주민들이 보여준, 직접 얼굴을 맞댄 존재라는 사회적인 수사를 벗어나 현대의 분배정책에 좀 더 적합하도록 개념을 확장하고 재이론화할 필요가 있다. 규모를 키워야 한다는 의미다. 개인 간이라는 국소적인 수준에서는 분배의무를 아주 쉽게 파악할 수 있지만, 규모가 커지면 어떻게 적용될 수 있는지 상상하기 어렵다. 왜일까? 반대로 수억 명에 달하는 **성원권**, 즉 가족 구성원과 같은 관계로 국가의 시민을 묶어낸다는 생각은 쉽게 상상할 수 있다. '현존'이라는 개념을 단순하게 '확장'하면 어떻게 될까?[26]

사실 현시점에서 국가가 제공하는 서비스에는 우리가

찾는 현존이라는 개념에 해당하는 요소가 조금이나마 포함되어 있다. 국가의 서비스는 시민들의 소유권과 연결되어 있다고 생각할 수 있지만, 국가의 서비스가 실질적으로 요구되는 작업을 수행하기 위해서는 종종 시민권과 소유권을 보장해야 한다는 논리를 일상적인 인구 관리와 행정에 수반되는 다른 논리에 양보할 수밖에 없다. 파르타 차터지Partha Chatterjee가 오래전에 지적했던 대로 시민citizen의 대표는 주민 denizen*의 정부에 밀릴 수밖에 없다.[27]

학교는 어떤 아이들이 다녀야 하나? 홍역 예방주사는 누구에게 접종해야 하나? 화장실은 누가 이용할 수 있나? 이런 질문들은 흔히 옳고 그름의 논리가 아닌 실용성의 논리에 따라 결정된다. 우리는 국적이 없는 아이들은 학교에 보내지 **않기를** 원할까? 그 아이들이 학교에 다니게 된다면

---

26   우리가 현존에 기반을 둔 분배의무를 사회적으로 미시적인 수준으로 쉽게 축소한다는 사실은 의무와 분배가 가족관계와 연결되어 있음을 보여준다. 마치 의무가 근본적으로 가족적이고 공유가 가정에 뿌리를 둔 것처럼 말이다(퍼거슨, 『분배정치의 시대』 참조). 이는 현존과 소속을 구별하는 것('여기'에 있는 것과 '우리 중 하나'인 것)과 적용되는 규모(사회적 소속이 일상적으로 국가로 확장되는 것, 그러면서 얼굴을 맞대는 존재 역시 '여기, 우리 중에' 존재한다는 개념의 확장에 기반을 둔 정치적 상황으로 확장되어야 한다는 것)를 고려해야 한다는 점을 보여준다.

*   시민권이 없는 거주민을 포함한 개념이다: 옮긴이.

27   Partha Chatterjee, *The Politics of the Governed: Reflections on Popular Politics in Most of the World* (New York: Columbia University Press, 1993).

어떤 일이 일어날까? 정말로 많은 비중을 차지하는 사람들을 예방접종 프로그램에서 제외시키길 원할까? 관념적인 법률 조항으로는 답을 얻을 수 없다. 대신 사회학적·면역학적 사실에서 답을 찾을 수 있다. 일정 수준의 서비스는 윤리적인 이유만큼이나 실용적인 이유로 인증된 구성원이 아닌 여기 있는 모두에게로 확장되어야 한다는 것이다.

앤 마리아 마쿨루Anne-Maria Makhulu가 제시한 남아프리카공화국의 사례를 보면, 불법 건축물에 무단으로 거주하는 등 법적 권리가 없는 사람들이 직접적으로 취하는 행동은 종종 매우 효과적인 정치적 전략으로 작동하고 있다. 아파르트헤이트apartheid 기간은 물론이고 아주 최근까지도 말이다.[28] 좀 더 광범위하게 보면 주택, 전기, 물, 도로보수 등 모든 종류의 서비스에 대한 요구는 남아프리카공화국의 대중 정치에 있어 언제나 가장 큰 쟁점이 되어왔다. 이는 위생과 수질에 대한 구조적 쟁점과 더불어 의료 서비스와도 관련이 있다.

28   Anne-Maria Makhulu, *Making Freedom: Apartheid, Squatter Politics, and the Struggle for Home* (Durham, NC: Duke University Press, 2015).

터무니없이 엄격했던 남아프리카공화국의 화장실 정치는 유명하다. 예를 들면 가정용 물 공급을 둘러싼 갈등은 공식적인 논리로는 '존재하지 않아야 하는' 무국적 정착민들조차도 물이 없으면 죽을 수밖에 없고 전염병은 남아프리카인과 모잠비크인을 구별하지 않는다는 사실을 마지못해 인정하고 나서야 해결되었다. 이 모든 정치적 쟁점은 시민권이 아닌 현존에 기반을 둔 요구에서 이끌어낸 힘 덕분에 현실적으로 수용될 수 있었다. 이 과정에서 정부는 구성원에게 속하는 권리를 조정하기보다는 우리가 **인접성**adjacency이라고 부를 수 있는 물질적인 요구에 대처하는 방식으로 문제들을 다뤘다.

이상화된 민주적 지역구 모임town-hall meeting*은 종종 정치적 **성원권**의 본질에 대한 일종의 정형화된 이미지, 즉 참여정치 공동체의 양상 혹은 전형으로서 국가 차원으로 확장시킬 수 있는 친밀한 사회성을 만들어낸다. 비슷한 맥락에서 아프리카에서 택시로 이용하는 미니버스를 통해 **현존의**

---

* 　지역사회의 주요 이슈나 사안에 대해 지역 주민들이 모여 토론하고 의견을 나누는 행사: 옮긴이.

본질을 보여주는 대조적인 상황을 제시하고자 한다. 이러한 미니버스 택시는 아프리카 대륙 전역에서 다양한 이름(**마콤비, 마타누, 달라달라, 트로트로** 등)으로 불리고 있지만 공통적인 특징이 있다. 올리브를 담은 바구니 같은 것을 들고 있는 승객들을 잔뜩 밀어 넣고는 과적상태로 달리는 게 일상이다. 덥고 땀내 나고 불편하며, 때로는 위험하기까지 하다. 하지만 한편으로는 일종의 사회성을 공유하는 현장이기도 하며, 최소한의 예의범절과 시민행동의 원칙을 모두가 존중하는 곳이기도 하다. 나는 이것을 공유된 정체성에 기초한 성원권 공동체의 대척점인, 일종의 우연적 공존으로 받아들이는 사회성의 한 면으로 제시하고자 한다.[29]

미니버스 택시의 사례는 비자발적이고 무계획적으로 연결되면서 발생하는 사회성과 연관되어 있다. 가족처럼 사회적 동질성이나 물질적 공유도 없고, 클럽처럼 관심사나 이해관계를 공유하지도 않은 채로 연결되면서 승객들은 서로 간에 우발적이면서 의존적인 관계를 맺게 된다. 승객들

---

29   다음 글의 내용과 비교해보라. Liisa Malkki on "accidental communities of memory," in "News and Culture: Transitory Phenomena and the Fieldwork Tradition," in *Anthropological Locations: Boundaries and Grounds of a Field Science*, ed. Akhil Gupa and James Ferguson (Berkeley: University of California Press, 1997).

은 그저 한 공간에 밀집해 있을 뿐이지만, 실질적인 의무와 일정 기간 지속되는 실용적인 조정장치로 작동하는 사회성이 중요하게 강제된다.

승객이 새로 탈 때마다 기존의 승객들은 자리를 내주거나 비좁은 실내에서 소중한 짐칸을 양보해야 한다. 여기에 사회적인 계약은 존재하지 않는다. 심지어 진정한 상호주의조차 존재하지 않는다. 때로는 공유요구에 더 가깝다. 새로운 승객이 올라타면 우리에게는 의무가 주어진다. 단지 나와 같은 요구를 가지고 있는 다른 사람이 나타났다는 이유만으로 어느 정도의 공간은 **포기해야** 하고, 불편을 감수해야 한다.

위의 상황은 상상력을 돕기 위한 것일 뿐 분석을 하자는 것은 아님을 분명히 해둔다. 다시 말해 지역구 모임이라는 이상화된 모습을 이용해 그럴듯하게 국가 차원의 '정치적 공동체'라는 개념으로 확장시키는 것과 같은 방식으로, 규모를 확장시키기 위한 상상의 장치로 미니버스 택시의 상황을 이용해보고자 한다. 우리는 아무도 지역구 모임의 이미지가 미국 사회가 '실제로 작동하는' 방식이라고 생각하지 않는다. 실제로 지역구 모임은 순수하게 자발적으로 민주적 의사결정이 이루어지는 공간이라고 생각하지도 않는다.

지역구 모임이라는 형상이 제공하는 것은 정치적 시스템에 대한 분석 모델이 아니다. 그보다는 추상적인 대규모 정치적 성원권이라는 개념을 좀 더 쉽게 파악할 수 있는 실천적 모델로 그려보도록 만들어주는 연결고리에 가깝다. 미니버스 택시 이야기도 마찬가지다. 일종의 소우주나 순수한 사회과학적 모델을 의미하는 것이 아니다. 국가를 가족으로 혹은 공동체로 혹은 지역구 모임처럼 작은 마을로 비유함으로써 국가 수준의 '성원권'이 그토록 오랜 기간 누려왔던 것과 동일한 방식으로 가상의 직접성을 갖는 '현존'을 드러내는 방법인 것이다.

이런 형상화를 통해 디디에 파생Didier Fassin이 언급한 '인도주의적 이성humanitarian reason'과 내가 접근하고자 하는 '의무로서의 나눔sharing as obligation'을 명확히 비교하는 데 도움이 될 것이다.[30] 여기서 인도주의적 행동에는 우리가 낯선 사람을 관대하게 대하도록 만드는 연민의 감정과 공감을 불러일으

[30]   Didier Fassin, *Humanitarian Reason: A Moral History of the Present*, trans. Rachel Gomme (Berkeley: University of California Press, 2012).

키는 윤리적 의도라는 기제가 작동한다. 하지만 진정한 **의무**를 느끼게 되는 것은 연민의 문제가 아니며, 오히려 귀찮음이나 짜증에 가깝다.

실제로 진정한 의무의 신호는 동정심보다는 짜증으로 나타난다. 행실이 좋지 않은 동생이 마약에 돈을 다 써버려 집세를 내지 못한다거나, 그러고는 당신 집에 와서 소파에서 자겠다고 한다거나, 어쩌면 지난번처럼 소파에 토해놓거나, 아마도 기약 없이 당신의 아파트에서 머물겠다고 한다면, 당신은 뭐라고 할까? 결코 "아, 너무 안됐네. 관대하게 대해야겠다!"는 아닐 것이다.

오히려 이편이 가깝지 않을까? "어쩌면 이리도 짜증나게 굴 수 있을까? 근데 어쩌겠어, 내 동생인데……." **바로 이것이** 진정한 의무가 주는 느낌이다. 지리학자 클라이브 바넷Clive Barnett과 데이비드 랜드David Land가 관찰한 바에 따르면, 우리는 일반적으로 고립되고 관조적인 칸트적 관점이 **아니라** 실제 사회적 맥락에서 할당 결정allocative decisions을 내린다. 나눔에 대한 생각은 활발한 사회관계 속에서 적극적인 주장과 요구가 밀고 당기는 과정에서 펼쳐진다.[31]

이러한 관계와 적극적인 요구, 추상적인 윤리적 이유를

뛰어넘는 기대에 따라 실제로 할당의 결과물이 도출된다. 종종 행실 나쁜 동생의 경우에서처럼 실제로는 아무런 선택의 여지가 없는 듯한 느낌을 남기기도 한다. 사람으로 가득 찬 미니버스 택시에서 타인에게 공간을 내주는 것처럼 우리는 단지 선택의 여지가 없기도 하거니와 자비로운 관대함과는 무관하게 행동한다. 우리는 진정한 의무에 따라 움직인다. 의무는 의무일 뿐이다.[32]

또한 내가 생물학적 전염을 일종의 인접 문제로 언급했지만, 현존관계는 생물학적 관계라기보다는 기본적으로 **사회적** 관계라는 데 유의해야 한다. 이는 아감벤Agamben이 수용소의 이미지와 연결한 '벌거벗은 삶'의 문제는 아니다. 수용소는 우리와는 사회적으로 분리된 단순한 동물적 삶이 이루어지는 곳이기 때문이다.[33]

---

31 Clive Barnett and David Land, "Geographies of Generosity: Beyond the 'Moral Turn,'" *Geoforum* 38, no. 6 (2007).

32 공유에 대한 사회적 의무의 진정한 본질에 관한 토론은 "부록: 일부 이론적인 대조와 설명"을 참조할 것.

33 Giorgio Agamben, *Homo Sacer: Sovereign Power and Bare Life*, trans. Daniel Heller-Roazen (Stanford, CA: Stanford University Press, 1998).

오히려 미니버스 택시 안에서 다른 사람이 압박을 가해올 때 당신이 어떻게든 대처할 수밖에 없는 상황처럼 가장 기본적인 **사회적** 관계가 문제가 된다. 이것은 '인류애'의 문제가 아니라 바로 옆에 있는 사람과의 문제다. G. K. 체스터턴Chesterton은 독특한 방식으로 이 문제를 표현했다.

> 우리는 친구도 만들고 적도 만든다. 그러나 신은 우리의 이웃을 만든다. 그러고는 자연이 만들어내는 온갖 종류의 비정한 공포를 들고 우리를 찾아온다. 그는 하늘의 별만큼이나 낯설고 쏟아지는 빗줄기만큼이나 부주의하고 무관심하다……. 그렇기 때문에 옛 종교와 옛 경전의 지혜는 인류에 대한 의무가 아닌, 이웃에 대한 의무를 그토록 선명하게 보여주고 있는 것이다.[34]

많은 사람이 시장에 대한 유일한 대안이 선물이라는 가정에 묶여, 공유와 같은 다른 분배의 원칙에는 눈을 돌리

---

[34] Gilbert K. Chesterton, *Heretics* (London: John Lane, 1905), p. 186. 신학적 존재인 이웃이 갖는 정치적 가능성에 대한 흥미로운 토론은 다음을 참조하라. Slavoj Žižek, Eric L. Santner, and Kenneth Reinhard, *The Neighbor: Three Inquiries in Political Theology* (2005; Chicago: University of Chicago Press, 2013).

지 못한다. 이와 마찬가지로 국가적·사회적 성원권을 제외한 유일한 대안은 보편주의나 범세계적 인류애라는 가정 때문에 사회적 의무에 대한 다른 가능성에 눈을 돌리지 못하고 있다.

앞에서 언급한 바와 같이, 시민과 마찬가지로 '주민'이 자발적으로 제기하는 서비스 요구는 내가 인접성이라고 부르는 이웃의 '압박'관계에서 발생하는 요구가 '확장'된 것이다. 남반구 대도시 중심 지역에 새롭게 이주해 살고 있는 도시인들은 우리가 **여기에** 살기 때문에 화장실이 있어야 한다고 말한다. 깨끗한 물도 있어야 한다. 우리 아이들은 학교에 가야 한다. 최소한의 의미에서 우리는 보살핌을 받아야 하며 적절한 서비스를 제공받아야 한다. 그리고 마지못해 이런 서비스가 보편적으로 제공되기도 한다.

분명히 짚고 넘어가자. 그러한 존재에 대한 요구를 승인하는 것은 보통 최소한에 머물며 만족스러운 수준에 달하는 경우는 결코 없다. 일반적으로 어쩔 수 없이 최소한으로 수용하게 되며 시민권이라는 명확한 한계와 보이지 않는 불평등이 수반된다. 존재를 인정하는 것 역시 서비스 제공이라는 영역은 물론이고 어떤 측면으로든 공평하지는 않더라도 실질적인 자원의 분배절차인 것도 사실이다.

그 결과는 사실 몫을 양보하는 것이다. 속으로는 욕을 하면서도 비좁은 미니버스에서 당신이 어떻게 해서든 공간을 만들어내야 하는 것처럼, 가난한 이민가정의 어린이들이 학교에 갈 수 있도록 마지못해 세금을 내야 하는 것과 마찬가지다. 이민자들의 정치적 권리를 부정할 뿐만 아니라 그들의 존재 자체를 비난할 수는 있겠지만 말이다.

아프리카의 기반시설과 도시환경에 관한 최근의 인류학 연구에서 이러한 정치형태가 출현하고 있음을 엿볼 수 있다. 여기서 우리는 도시 주민들이 도시의 기반시설을 공동으로 이용하는 집단이라는 자격으로 정부에 정치적 문제를 제기하는 상황을 찾아볼 수 있다. 이는 단순히 언어, 문화 혹은 국가의 성원권으로 연결된 동료 시민의 활동과는 다른 문제다. 예를 들어 안티나 폰 슈니츨러Antina von Schnitzler는 남아프리카공화국 도시 지역의 물 공급에 관한 민속지학 연구를 통해 국가와의 행정적 연결로 서비스를 획득하는 민주적인 정치행위뿐만 아니라 무단 연결, 요금 미납 등 불법적인 행동을 포함한 다양한 방식의 물리적 요구, 선불식 수도 계량기 같은 첨단기술을 통해 물과 같은 필수재에 접근하는 방식에 대한 정치과정을 추적한다.[35]

분명히 행정적으로 인정을 받기 위한 이러한 투쟁과정에는 시민권과 권리에 대한 생각이 뒤섞여 있다. 그러나 여기서 주목해야 할 부분은 실제 '몫'을 획득하게 하는 것은 추상적인 법적 관계가 아닌 물질적 관계라는 점이다. 물 공급방식과 수량, 비용 등 서비스 할당에 대한 구체적인 내용은 단순히 정치적이거나 법적인 원칙에서 도출되는 것이 아니라 국가의 행정절차를 통해서 해결된다. 사람들이 물을 얻는 데 성공하는 것은 단순히 권리를 확보한 시민이라서가 아니다. 정치적으로뿐만 아니라 물질적·기술적으로 해결해야 하는, 차터지가 이야기하는 '통치대상the governed'인 집단이기 때문이다.[36]

폰 슈니츨러의 분석에 따르면, 남아프리카공화국 정부

---

35   Antina von Schnitzler, *Democracy's Infrastructure: Techno-Politics and Protest after Apartheid* (Princeton, NJ: Princeton University Press, 2016).

36   Chatterjee, *Politics of the Governed*.

가 처음으로 시민권 유무와는 무관하게 모든 주민에게 최소한의 물을 무료로 제공하겠다고 공언하면서 물을 둘러싼 갈등이 정리되었다. '생명선'이라 부르는 최소한의 물을 제공하는 것은 이제 남아프리카공화국의 물 관리 정책으로 확고하게 정착되었지만, 신생 독립국가 시절에 세웠던 초기의 물 공급 계획에는 포함되어 있지 않았다. 당국은 초창기에는 '비용 회수'를 목표로 합법적인 물 수혜자에게 '수도요금'을 걷고, 해당되지 않는 사람들, 즉 시민권이 없거나 비용을 지불할 수 없는 사람들에게는 물 공급을 중단하는 정책을 세웠다.

그러나 이 정책은 2000년에서 2001년 사이에 콰줄루-나탈 지역에서 발생한 콜레라의 원인으로 밝혀지면서 한순간에 무너져버렸다. 도시의 수도 공급망에서 배제된 주민들은 당연히 근처 도랑과 웅덩이에서 악취 나는 물을 끌어오는 자구책을 마련했다. 오래지 않아 수돗물을 공급받을 자격이 있는 사람과 그렇지 못한 사람 구분 없이 콜레라에 걸리게 되었고, 요금을 지불하던 남아프리카공화국 사람들이나 돈을 내지 않는 이주민과 빈곤층이나 쓰러져나가기는 매한가지였다. 비록 제한은 있지만 또다시 서비스에 대한 요구가 그곳에 있는 모든 사람에게 받아들여졌다. 시민권에 관한 문제가 아니라 현존이라는 벗어날 수 없는 실용적 문제였기 때문이다.

최근의 사례를 하나 더 살펴보자. 캄팔라Kampala*에서 이루어진 제이콥 도허티Jacob Doherty의 연구는 또 다른 도시의 모습을 보여준다. 시민이라는 형태의 정치적 통합이나 생산시스템 등의 경제적 통합이 아닌 쓰레기와 재활용이라는 일종의 도시 생태계로 강력하게 연결된 사람들의 모습이다.[37]

쓰레기를 놓고 다투는 과정에서 선거 정치와 노동을 위한 이주라는 통상적인 기제가 작동된 것은 사실이다. 그리고 이러한 정치과정은 아프리카의 도시 지역에서는 익숙한 모습이다. 그러나 도허티는 정치활동으로 환원될 수 없는 분배투쟁이라는 양상에 주목한다. 여기서 물리적인 공존 때문에 직접적으로 수반되는 요소들이 분배되는 과정을 볼

---

*   동아프리카 우간다의 수도: 옮긴이.

37   Jacob Doherty, "Life (and Limb) in the Fast-Lane: Disposable People as Infrastructure in Kampala's Boda Boda Industry," *Critical African Studies* 9, no. 2 (2017); "Capitalizing Community: Waste, Wealth, and (Im)material Labor in a Kampala Slum," *International Labor and Working-Class History* 95 (2019); "Filthy Flourishing: Para-Sites, Animal Infrastructure, and the Waste Frontier in Kampala," *Current Anthropology* 60, no. S20 (2019); "Maintenance Space: The Political Authority of Garbage in Kampala, Uganda," *Current Anthropology* 60, no. 1 (2019).

수 있다. 의학적 위험의 분배, 쓰레기와 악취가 수반하는 사회적 낙인의 분배, 경쟁이 치열한 도시 과밀 지역 교통수단 노선의 분배(효용과 위험까지 모두 포함된다) 등이 그것이다.

저소득층은 이 잔인한 정치과정에서 종종 스스로를 일종의 낭비라고 여기기도 한다. 캄팔라에서 살아가는 동물들처럼 때때로 생존은 물론 오염된 환경에서도 번성할 수 있는 틈을 찾아내기는 하지만, 언제든지 사회적으로 버려질 수 있다는 공포에 시달리기 때문이다. 여기서 좋은 삶과 나쁜 삶의 분배문제는 가치와 낙인, 지위와 악취를 두고 만들어진 본능적이고 본질적인 정치행위를 통해 결정된다.

한편, 가브리엘 헥트Gabrielle Hecht는 거대한 남아프리카 광산업의 여파로 남겨진 정치적 지형에 대해 이야기한다. 광산업은 이곳저곳에 유독한 쓰레기 더미와 채굴 잔해를 산더미처럼 쌓아놓은 채 서서히, 꾸준히 쇠퇴했다. 그 결과 전국에 걸쳐 도시에서 살아가는 사람들은 위험한 유독물질에 시달려야 했다. 인구밀도가 높은 란트Rand** 지역은 더더욱

**   1860년대에 금광이 발견되어 요하네스버그의 기초가 된 지역: 옮긴이.

심각했다.[38]

물론 이 지역의 학자들은 광산업이 오랜 기간 지속되면서 다양하고 강력한 사회적 정체성과 정치적 영향력이 형성되었다는 사실을 알고 있다. 이제 우리가 깨닫기 시작한 것은 유독한 광산업의 여파가 새로운 정치적 문제를 제기하고 있다는 점이다. 노동 통제와 계급 형성에 따른 문제는 줄어드는 대신 공동 사용, 근접성, 공유된 환경의 취약성 문제 등이 확대되고 있다. 결국 광산의 독성 여파는 광부에게만 영향을 끼치는 것이 아니며, 이 독성 때문에 발생한 취약성을 지도에 그려보더라도 우리에게 익숙한 계급 구조 지도와 그다지 일치하지 않는다.

이는 주로 노동 계급을 동원해서 이루어지는 영향력 있고 익숙한 좌파 정치의 쇠퇴이며, 동시에 그 여파로 제기되는 정치적 위험과 새롭게 형성되고 있는 또 다른 가능성을 분석해야 함을 의미한다. 내가 제시한 다른 간단한 예에서와 마찬가지로 여기서도 한 형태의 정치가 죽음을 맞이했

38   Gabrielle Hecht, "Residue," *Somatosphere*, January 8, 2018, somatosphere. net/2018/residue.html/; "Interscalar Vehicles for an African Anthropocene: On Waste, Temporality, and Violence," *Current Anthropology* 33, no. 1 (2108).

다고 하더라도 애도를 할 필요는 없을 듯하다. 다른 정치가 태어나고 있기 때문이다.

내가 언급한 모든 경우에서, 누가 무엇을 얻는가 하는 구체적인 질문은 물리적으로 인접해 있는, 일종의 공유된 공존shared copresence 상황에 놓인 사람들이 구체화시키고 공간을 만들어가는 실천을 통해 해결할 수 있다. 그리고 이들은 일반적으로 국가 또는 정치조직처럼 기존에 구성된 사회단체의 승인된 구성원으로서가 아니라 의도하지 않은, 종종 비자발적인 유형의 집합체에 참여하는 참가자로서 이러한 실천에 관여하게 된다. 이러한 상황에서 정치는 추상적인 정치적 성원권이라기보다는 사실상의 공동 사용과 공존의 실용적인 조정에 더 가깝다고 이야기해온 것이다.

물론 이것은 국가, 시민권, 법적 권리가 더는 중요하지 않다는 것이 아니라 이런 요소들이 정치 영역을 독점하는 것을 막을 수 있는 새로운 개선책들이 등장하고 있다는 의미다. 내가 여기서 간단하게 제기하고자 하는 관점의 전환이라 함은, 잘못된 생각을 버리고 올바른 생각으로 대체하자는 것이 아니다. 오히려 새로운 목적과 절차를 바라보는 새로운 개념과 시야를 발전시키자는 말이다. 다시 말해 **현존, 인접, 수용, 공동 사용자** 등과 같은 대안적 분석에 관한 용어가 대두되면서 인식하게 된 전환을 의미한다.

이처럼 관점을 바꾸면, 종종 남반구의 도시 인구 증가로 나타난 실질적이고 점진적이지만 실효적인 분배요구를 가능하게 하는 정치를 이해할 수 있게 된다. 최근 몇십 년 동안 남반구 지역에는 무계획적이고 자생적으로 모여든 주민들이 '빈민가 도시들'을 새롭게 형성하고 있다. 이는 좌파와 우파 정치인 모두에게 재앙에 가까운 상상을 하게 만들었다.[39]

그러나 오늘날 세기말 전환기를 다룬 책자에 묘사되었던 음산한 그림들을 되돌아보면, 도시의 멸망에 대한 그러한 예언들 대부분은 이루어지지 않은 것이 분명하다. 문제의 '빈민가'에 사는 도시 이주민들의 삶은 종종 엄청난 어려움을 겪어왔다. 그러나 대부분의 경우 '비공식적으로' 도시

---

39   Mike Davis, *Planet of Slums* (New York: Verso, 2006); Robert D. Kaplan, "The Coming Anarchy," *The Atlantic*, February 1994.

주변이 형성되는 과정에서 새로운 도시 개척자들은 재난이 아닌, 힘들긴 하지만 점진적으로 상황이 개선되는 과정을 겪어왔다.[40]

새롭게 도시에 정착한 사람들이 기반시설과 공공재, 정부 서비스를 확보함으로써 이러한 점진적인 개선이 가능해졌다는 점은 의미심장하다. 도시에 존재하기 때문에 요구할 수 있는 일종의 '지분'인 셈이다. 이는 '거기에 있어야' 얻을 수 있는 것들이기 때문이다. 도로, 가로등, 공공질서, 청소부로 일할 기회 등은 어느 정도까지는 해당 공간을 점유하는 사람들에게만 주어진다. 불법 이민자들이 이용할 수 있는 경우도 있기는 하지만 대부분 물과 전기를 무단으로 끌어와서 쓰는 경우처럼 '자기 손으로' 할 때만 용인될 뿐이다. 또한 도시에 살아야 어떤 형태든 후원을 받을 가능성이 생기기도 한다. 상류층에게 있어 도시 대중은 실제적이든 암묵적이든 보안상의 위협이기 때문에, 때때로 아래에서 올라오는 분배요구에 힘을 실어주는 지렛대의 역할을 도시 공간

---

40   다음을 참고할 것. "Emerging and Developing Economies Much More Optimistic than Rich Countries about the Future," *Pew Research Center*, October 9, 2014, www.pewglobal.org/2014/10/09/emerging-and-developing-economies-much-more-optimistic-than-rich-countries-about-the-future/.

이 할 수 있기 때문이다.[41]

　여기서 분명히 해야 할 것이 있다. 이런 과정을 통해 확보되는 '지분'은 절대로 공평하지 않다는 사실이다. 그러나 지분을 나눌 때 반드시 동일해야 한다는 함의는 존재하지 않는다는 점도 언급하고 싶다. 핵심은 내가 이야기한 도시에서 존재한다는 것 자체가 평등을 이끌어내는 것은 아니라는 점이다. 대신 일반적으로 누군가가 **어느 정도** 지분을 포기하는 상황이 만들어진다. 이는 절대로 무의미한 것이 아니다. 누군가에게는 삶과 죽음의 경계를 가르는 일이기 때문이다.

　그렇다고 내가 밝힌 '지분을 나누는 것'이 환영할 만한 유토피아적인 이상 절대 아니다. 오히려 현존함으로써 가능해진 지분 덕에 치열한 경쟁이 촉발되기도 한다. 진흙탕 싸움을 벌인 끝에 대부분의 경우 마지못해 강제적으로 받아들이기도 한다. 여기서 공유가 발생한다면 그것은 전적으로 '공유요구'의 결과다. 종종 한심할 정도로 작은 '지분'은 인심

41　Cf. James Ferguson, "Proletarian Politics Today: On the Perils and Possibilities of Historical Analogy," *Comparative Studies in Society and History* 61, no. 1 (2019).

이 좋아서 주는 것이 아니다. 인심은커녕 현존하는 자체로 지분을 받을 수 있는 기회가 만들어졌기에 어쩔 수 없이 **받게** 되는 것이다. 이처럼 명확한 비유토피아적 정치과정에 대한 내 접근방식은 보편적인 공유가 영원히 행복한 세상의 하늘에 그려놓을 상상 속의 파이를 제안하는 것이 아니라 현장에서 실제로 벌어지는 과정을 추적하는 것이다.

그러나 동시에 새롭게 전개되는 정치현상을 추적하는 학자가 단지 정리만으로 만족한다면 기회를 놓치는 것이라고 생각한다. 결국 새로운 사회적·정치적 형태를 이해하기 위해 노력하는 중요한 이유 중 하나는 그다음에는 무엇이 올지 알 수 있도록 돕기 때문이고, 가능한 미래의 경로를 그려볼 수 있는 상상력을 키워주기 때문이다. 이를 바탕으로 이 에세이의 마지막 부분은 좀 더 사변적으로 진행하고자 한다. 현존에 기반을 둔 분배정치가 어떤 경로를 통해 전 세계적으로 확장되어 포용의 지평을 넓혀갈 수 있을지 살펴보고자 한다.

지구 차원의 현존 정치를 향해서

최근 몇 년 동안 현존에 근거한 요구가 달성한 의미심장한 분배적 결과는 무엇일까? 아마도 현존에 관해 좀 더 포괄적이고 범세계적으로 이해의 폭을 넓힐 수 있는 더 큰 규모의 정치적 전략의 시작점을 제안한 것이 아닐까 싶다. 그리고 '여기 우리와 함께' 있다는 인식이 사회적 의무를 이끌어내는 과정을 명확하고 사려 깊게 이해하게 되면, 이러한 의무를 확대하고 도달 범위를 넓히기 위한 정치적 발전도 가능해질 테니 말이다.

미심쩍다면 불완전하고 불평등하게 만들어진 성원권이 좀 더 보편적이고 진보적인 '우리'를 건설하는 출발점이 되었던 유사한 여정을 생각해보라. 여성시민은 투표권이 없었고, 미국의 흑인은 5분의 3만 사람으로 인정받았다.* 이처럼 제한적이었던 과거의 시민권 개념이 점진적으로 현대의

---

* 　흑인 노예 중에서 5분의 3만 과세와 하원 구성 비율의 인구수로 인정하자는 논의가 1787년 필라델피아 제헌회의에서 이루어졌으며 이후 미국 헌법에 반영되었다: 옮긴이.

보편적인 국가의 시민권으로 확대되어왔다. 아마도 여기 함께 존재한다는 것에 대한 우리의 이해도 훨씬 더 많은 것을 포용하는 방향으로 급진적인 확장을 준비하고 있는지도 모른다.

만약 그렇다면 앞으로 등장할 것은 우리에게 매우 익숙한 한 축과, 그보다는 덜 익숙한 다른 한 축으로 이루어진 2차원의 정치일 것이다. 익숙하지 않은 차원에 대해서는 좀 더 특징을 부각시켜 살펴볼 필요가 있다. 우선 익숙한 축은 성원권으로 이루어진 축이다. '우리'라는 감각을 확장하는 것을 목표로 성원권의 범위와 정치적 연대의 폭을 넓혀 축을 늘이는 것이다. 덜 익숙한 두 번째 축은 '여기' 그리고 '우리와 함께'라는 감각을 확장시켜 정치적으로 현존 주장을 강화하는 것이다.[42]

---

42 이러한 방식은 아세프 바야트Asef Bayat가 이야기하는 '정치로서의 삶'의 핵심 부분인 '존재기술art of presence'에 대한 개념을 상기시킨다. 그러나 바야트는 단순히 '생명'과 '정치'를 융합해 존재 자체를 이미 정치적으로 만드는 반면, 나는 존재라는 잔혹한 사실이 정치적인 것으로 나타나기 전에 필요한 비판적 재구성과 사회적 인식의 작업을 강조한다. 내 용어로 이것은 '여기 우리와 함께' 있는 형상을 '우리 중 하나'인 관계로 전환하자는 것이다. 다음을 참조할 것. *Life as Politics: How Ordinary People Change the Middle East* (Stanford, CA: Stanford University Press, 2013).

'관대함의 지리학geographies of generosity'이라 불리는 최근 연구에서는 먼 지역의 이방인에 대한 윤리적 문제를 다룬다. 예를 들면 멀리 떨어진 빈곤한 지역에 사는 면식 없는 타인에 대해 북반구의 부유한 시민사회가 더 강한 책임감을 느끼도록 정치적으로 유도하는 방안이 논의되어왔다.[43]

나는 공존하지 않는 다른 사람들에 대해 강한 책임감을 심어줄 수 방법을 찾아보자는 제안을 했지만 결코 쉽게 답을 찾을 것 같지는 않다. 아마도 우리는 다른 사람들이 실제로 어떻게 공존하고 있는지를 인식하도록 하는 방법을 찾는 편이 더 나을 것이다.[44]

이 두 번째 전략은 어떤 형태일까? 우리는 단순한 물리적 거리에 따라 존재를 인식하지는 않는다. 어떤 사람과 사물은 늘 '여기' 있는 것으로 간주하는 한편, 다른 사람과 사물은 비록 동등하거나 더 가까이 있지만 공존하는 것으로

43   Barnett and Land, "Geographies of Generosity."

44   존재를 드러낸다는 문제에 대해서는 "부록: 일부 이론적인 대조와 설명"에서 등장하는 다음 문헌들을 참조할 것. cf. Jacques Derrida, *Of Grammatology*, trans. Gayatri Chakravorty Spivak (Baltimore: Johns Hopkins University Press, 1974); Matthew Engelke, *A Problem of Presence: Beyond Scripture in an African Church* (Berkeley: University of California Press, 2007).

여기지 않는다. 이에 대한 정교한 공감대를 구축하는 방법을 살펴보는 것으로 시작해야 한다.

최근 BBC는 국경에 관한 기사에서 이렇게 질문했다. 도버에 사는 영국 시민들이 고작 26마일 떨어진 칼레 캠프에 있는 난민보다 420마일이나 떨어진 북잉글랜드의 미들즈브러 주민들에게 더 많은 빚*을 지고 있다고 생각하는 이유는 무엇일까?[45]

그리고 실제로는 우리와 매우 가깝게 있는 어떤 사람들이 관념 속의 선 너머에 있다는 이유로 존재를 인식할 수 없다면, 선 안쪽에 있다고 하더라도 외국인인 경우 '여기 우리와 함께' 있는 존재로 인식하기에 충분치 못하다는 것도 사실이다. 혐오에 대해 연구해온 민속지학자들이 오래전부터 기록해왔던 일종의 사회적 사각지대 때문에 우리는 바로 앞에 있는 사람들의 존재조차 인식하지 못하는 경우가 많다. 즉, 현존이라는 것은 글로 표현할 수도 없고 자명하지도 않다. 현존은 정치적·사회적 인식과정을 통해 그 자체로 인

---

* 미들즈브러 지역은 산업혁명의 선봉이었지만 20세기 후반 급격하게 쇠퇴하면서 영국 내 남북 격차가 심해졌다: 옮긴이.

45 "The Global Philosopher: Should Borders Be Abolished?," BBC Magazine, March 22, 2016, www.bbc.com/news/magazine-35834178.

정되어야 한다.[46]

물론 이것은 이론적으로 각각의 정부가 법적 권리를 설정하기 위해 존재 자체를 인정하는 것만으로도 가능하다. 아마도 시민권 자체와 관련된 모든 권리관계를 포함하는 것만으로 가능할 수도 있다. 다시 말하면 시민권의 기반이 되었던 성원권을 존재나 인접성으로 확장할 수 있다는 것이다. 이것이 최근 일부 규범적 정치철학의 핵심이다.[47] 그러나 이는 이론적인 수준에서만 문제를 '해결'할 수 있을 뿐이다. 현실에서 사회적 의무를 구성하는 인식체계와 현존 사이의 연결고리를 만드는 데 한계를 드러내고 있다.

좀 더 인류학적으로 나아갈 수 있는 방법은 실제 사회적 실천과정에서 현존에 대한 인식이 어떻게 발생하는지 질문하고, 다음으로 그 토대 위에 구축할 수 있는 정치적 전략을 찾는 것이다. 국가의 인정을 받지 못하는데도 사람들이

---

46 사회적·정치적 인정에 대해서는 당연하게도 풍부한 이론적 문헌들이 있다. 다음을 참조할 것. Paul Ricoeur, *The Course of Recognition*, trans. David Pellauer (Cambridge, MA: Harvard University Press, 2005); Nancy Fraser and Axel Honneth, *Redistribution or Recognition: A Political-Philosophical Exchange* (New York: Verso, 2003); and (in an African context) Harri Englund and Francis Nyamnjoh, eds., *Rights and the Politics of Recognition in Africa* (London: Zed, 2004).

47 혜안이 돋보이는 다음의 토론을 참조할 것. Ochoa Espejo, "Taking Place Seriously."

간혹 존재를 드러냄으로써 지분에 대한 권리를 갖고 있는 것처럼 보이는 이유는 무엇일까? 문제를 구체화하는 효과적인 전략 한 가지는 경제적 상호 의존성에 초점을 맞추는 것이었다. 그리고 눈에 두드러지게 보이지는 않지만 우리가 소비하는 생산물이 우리의 존재와 번영을 담보하는 타인과 우리를 어떻게 연결하는지 노동을 매개로 살펴보는 것이다.

나는 인류학 입문 과정에서 세스 홈즈Seth Holmes의 책으로 학부생을 가르친다. 이 책은 미국 농업에서 이주 노동의 사회적·인적 비용을 다룬다. 농장에서 일하는 이주 노동자들은 합법적인 시민으로 구성된 미국 정치사회의 '성원'도 아니고, 심지어 눈에 잘 드러나지도 않는다. 그러나 나는 학생들이 이주 노동자들을 '여기 우리와 함께' **있는** 존재로 인식하기를 원했다.[48]

홈즈는 그들을 '여기 우리와 함께' 드러나게 만든다. 내 용어로 '현존'에 해당하는 상황을 그려낸 홈즈의 핵심 기술은 그들의 구체적인 노동 생산물을 매개로 그들의 노동과 우리의 의존성 간의 연결점을 반복해서 지적하는 것이었다.

[48]   Seth Holmes, *Fresh Fruit, Broken Bodies: Migrant Farmworkers in the United States* (Berkeley: University of California Press, 2013).

당신이 점심에 먹은 아삭한 채소 샐러드는 우리가 인정해야
할 누군가가 수확한 것이다. 그 누군가는 여기 우리와 함께
있다. 나는 아프리카에 관한 강의에서 같은 작업을 진행했
다. 학생들로 하여금 짐바브웨 광산 노동자들의 힘겨운 노
동을 마치 눈앞에서 벌어지는 것처럼 면밀히 살펴보게 했
다. 그들의 노동은 강의실을 비추는 전등과도 전선으로 연
결되어 있기 때문이다. 한 시간 거리밖에 안 되는 농장 노동
자들을 홈즈가 그려낸 것과 같은 방식으로 나는 학생들과
함께 지리적으로 엄청나게 멀리 떨어져 있는 광산 노동자들
의 존재를 그려낼 수 있었다.

바버라 에런라이크Barbara Ehrenreich 역시 비슷한 주장을
했다. 그녀는 매사에 감사하는 그녀의 스타일대로, 우리는
우리 눈에 보이는 사회적 집단 너머에 존재하는 많은 사람
에게 사회적 의무를 지고 있다고 말한다.[49] 식사 자리에서 우
리는 스스로에게 누가 이 자리를 가능하게 했는지 물어야
한다. 그녀는 '모든 사람의 공동체'에서 '허리 통증을 겪고

---

[49]   Barbara Ehrenreich, "The Selfish Side of Gratitude," *New York Times*, January 3,
2016, www.nytimes.com/2016/01/03/opinion/sunday/the-selfish-side-of-gratitude.html.

있는 많은 이'를 생각해야 한다고 말한다. "밭에서 상추를 딴 사람, 갈빗대를 발라낸 사람, 이 재료를 가게로 운반한 사람, 슈퍼마켓 매대에 진열한 사람, 마지막으로 식사를 준비해서 식탁에 올린 사람은 누구일까?"

이러한 핵심 전략은 국가의 시민권을 구성하는 정치적·문화적 성원권이 없는 상황이더라도 일종의 현존에 관한 논쟁을 이끌어낸다. 그러나 내가 『분배정치의 시대』에서 강조했듯 사회적 의무의 기반을 형성하는 노동은 작금의 대규모 구조적 실업 시대에 무기력한 국가만큼이나 우리를 완전히 실망시킬 수 있다. 예를 들어 에런라이크가 묘사한 허리 통증에 시달리는 노동자들이 갑자기 상추 뽑는 로봇으로 대체되는 상황을 상상해보자. 요즘 같으면 전혀 어렵지 않은 상상이다.

노동자 빈민에서 실업자 빈민으로 바뀐다고 해서 그들에 대한 나의 사회적 의무가 사라질까? 내가 먹는 상추가 이제는 그들의 손을 거치지 않는다고 해서 과연 그들을 생각할 필요는 없는 것일까? 아니다. 그녀도 아니라고 생각할 것이다. 내 생각엔 그녀 역시 내가 수업 중에 했던 작업과 같은 일을 하고 있다. 노동을 통한 물질적인 연결점을 도구 삼아 독자로 하여금 사회적 의무에 대해 인식하도록 유도하는 것이다.

　그러나 분명한 것은, 우리와 함께 살아가고 있는 사람들에 대한 우리의 의무는 우리를 위해 서비스를 제공하는 사람들로 한정지어서는 안 된다는 것이다. 만약 그렇다면 우리는 빈민 공동체에서 건강하고 일할 수 있는 구성원에게만 의무를 지게 될 뿐 가난하거나 장애가 있는 사람에게는 의무가 없다는 뜻이기 때문이다. 여기서 노동을 이야기한 것은 사회적 상호성을 쉽게 보여주기 위한 예일 뿐, 노동이 상호성의 원천이나 기반이 되는 것은 아니다. 그리고 만약 그렇다면, 사회적 의무는 실제로 제공된 서비스에 대한 대가로 지불되는 일종의 수수료와는 완전히 다른 무엇이다. '당신이 나에게 y를 주었으니 나는 당신에게 x를 신세졌습니다'라는 계약이 아니다. 대신 '당신은 배가 고프고, 여기 함께 있으니 같이 식사하시지요!'라고 말하는 수렵채집인에 더 가깝다.

　사실 생산과정에 참여하기 때문에 분배를 요구할 수 있다는 생각은 점점 더 기반이 약해지는 듯하다. 노동을 위한 이주민들 대신 난민, 망명 신청자, 확실한 일자리 **없이** 이주하는 사람들이 늘어나고 있으며, 이들은 다른 방식으로 인정을 받으려 하기 때문이다. 이를 위해서 아직까지 명확한 실행방안은 제대로 개발되지 않았지만 '현존'이라는 새로운 관점을 도입할 필요가 있다. '현존'의 특징 중 하나는 요구를 공유하고 있다는 점이다. 수렵채집인들이 겪었던 집단적 기아와 마찬가지로, 현대 이민자들의 관점에서 사회적 서비스, 의료 서비스에 대한 요구를 보면 명확하다. 그러나 여기에는 취약성과 고통마저도 함께 따라온다. 한마디로 모든 문제점까지 함께 공유한 상태로 비자발적으로 공존할 수밖에 없는 가능성도 있다는 것이다.[50]

---

50   전자적으로electronically 사회성을 중재하는 방식인 소셜 미디어가 '현존'을 수용할 수 있을지 여부는 아주 중요하고 흥미로운 주제지만 지금 여기서 내가 논하기는 불가능하다. 분명해 보이는 것은 첫째, 매우 복잡한 질문이기 때문에 간단히 대답할 수 없다는 점, 둘째, 현시점에서 소셜 미디어에 대해 나보다 실증적이고 이론적인 기반이 탄탄한 누군가가 해야 할 작업 영역이라는 점이다. 내 관점에서 볼 때 '현존'은 참가자들로 하여금 취약성과 실제적으로 노출되었다는 느낌을 준다는 점에서 정보 교환 이상의 사회성을 드러낸다. 면전에서 욕을 하다가는 뺨을 맞겠지만 소셜 미디어로 뺨을 때릴 수는 없으니 말이다. 전자적으로 구성되는 특정한 형태의 사회적 유형에서 유사한 노출과 취약성을 찾을 수 있다는 것은 의심할 여지가 없지만, 그러한 유사점이 실제 어느 정도로 내가 신체적 존재에 대해 설명한 방식으로 기능하는지는 더 많은 고려와 연구가 필요하다. 흥미로운 토론을 보려면 다음을 참고할 것. Wedlock, *Anthropology and the Economy of Sharing*, pp. 163~196.

결론

결론 삼아 간단한 질문을 하고자 한다. 현존에 기반을 둔 정치가 강화되고 확장되어나가면 어떤 모습이 될까? 내가 생각할 수 있는 가장 희망적인 경우는, 직접적이든 아니든, 우리의 사회적 의무에 대한 인식이 더 강력하고 탄탄해질 것이라는 점이다. 이를 통해 너무나 오랫동안 사회와 의무에 대한 우리의 인식을 지배해온 기존의 국민국가 프레임을 붕괴시킬 수 있을지도 모르겠다. 그렇게 된다면 경로를 약간만 바꾸면 지금으로서는 도달할 수 없어 보이는 정치적 결과물을 얻을 기회가 열릴 수 있을 것이다. 아마도 머리말에서 언급한 전 지구적 기본소득과 같은 전 세계적 재분배 제도가 거기에 포함될지 모른다.

너무 낙관적인 생각인지도 모르겠다. 말하자면 그러한 지적 프로젝트가 직접적으로 제시하는 정치적 보상이 내가 생각한 것보다 미약하거나 보잘것없어 보이기는 하지만, 어찌되었든 최종적으로 이 사안에 대해 해결해야 할 중요한 지적 작업이 남아 있다고 생각한다. 최근 수십 년간 우리는

'우리'를 다시 규정하는 데 소중한 정치적 에너지를 지나치게 낭비해왔다. 우리는 그동안 당연한 것으로 여겨온 사회적 정체성이 실제로는 정교하게 구성된 결과물이며, 이를 재작업하는 것이 우리 정치의 중심에 있어야 함을 인식했다. 이제 우리는 '여기'를 규정짓는 것은 무엇인가 하는 문제에도 똑같은 노력을 기울일 필요가 있다. 어떤 사람들은 '여기 우리와 함께' 있지만 그렇지 않은 사람들은 누구일까? 즉, '현존'에 대한 상식적 개념도 정교하게 구축되어야 함을 인식해야 한다. 이것들 역시 현대 정치를 운영하고, 그것에 참여하는 지적인 삶을 살아가는 데 있어 중심에 두고 재구성되어야 한다.

그리고 장기적으로는 무미건조하고 무기력한 '인간성'이라는 공통의 정체성에 대한 논의에서 벗어나야 한다. 그러한 노력이 국적을 초월한 사회적 의무를 파악하는 방법을 찾고, 실제 삶의 공통성에 대해 좀 더 탄탄한 인식에 도달하는 데 도움이 될 수 있기를 희망하는 것도 무리는 아닐 것이다. 그러한 인식으로 무장한다면, 함께 식사를 나누기 위해 둘러앉은 수렵채집인들처럼 우리는 '그곳에 있는 것'만으로도 충분한, 우리 모두를 위한 세상을 만들어나갈 수 있을 것이다. 그런 세상에서는 정말로 한나 아렌트Hannah Arendt가 '다원성plurality'이라고 불렀던 비자발적 공존 상태의 풍요로움을 인식하기 시작할 것이다. 그녀는 다원성을 '모든 사람이 각자의 현실이 보장되는 세계에서 다른 사람들과 함께 사는 기쁨'이라고 규정하고 있다.[51]

---

51   Hannah Arendt, *The Human Condition* (1958; repr., Chicago: University of Chicago Press, 1998), p. 244.

3장 부록

일부 이론적인
대조와 설명

독자들이 이 책을 좀 더 쉽게 읽을 수 있도록 앞부분에서는 여러 논쟁거리에 대해 가볍게 소개만 하고 넘어갔다. 그러나 이론적인 측면에 관심 있는 독자들은 내가 언급한 핵심 개념이나 방법론들과 내 주장이 어떻게 관련되는지 궁금해할 수도 있을 것이다. 그래서 부록 혹은 확장된 각주 형식으로 간단하게 설명하면서 내 논지를 좀 더 명확하게 전달하고자 한다. 이 글 중 일부에는 상당히 분명한 이론적 계승선이 포함되어 있다. 예를 들면 내 시각과 사회인류학 전통 간의 관계 같은. 이를 자세히 설명하고 명확하게 표현할 필요가 있다고 생각한다.

반면, 자크 데리다Jacques Derrida의 '존재'에 대한 비판처럼 이론적 연결점으로 보이지만 실제로는 그렇지 않은 경우도 있다. 이 글의 목적은 이론적인 논쟁을 탐구하는 것이 아니라 오해를 방지하는 데 있다. 사회인류학이 이어온 의무에 대한 사고의 전통이 얼마나 중요한지 논의를 시작한 이후, 몇몇 저명한 이론가의 관점과 연결된 고리들을 간단히 언급해보겠다.

사회인류학의 전통과 '관대함'에 대한 분석

인류학 문헌을 살펴보면 사람들이 사회생활에서 자신이 원하는 대로 행동하지 않는다는 사실을 자주 발견할 수 있다. 다른 사람과 공유해야 하는 의무, 다른 이에게 관대해야 하는 의무 등 다양한 방식의 사회적 의무 때문에 사회적 행동은 제약을 받아왔다. 이 문헌들이 꿰뚫어보는 것 중 하나는 사람들이 단순히 관대한 성품과 따뜻한 감정 때문에 사회적 의무를 존중하는 것이 아니라, 그렇게 하지 않으면 사회적으로 비용이 들기 때문이라는 것이다. 가끔은 규범을 깨뜨린 것에 대한 대응으로 이루어지는 처벌이나 사회적 구속에 대한 단순한 두려움일 수도 있다.

그러나 더 흔하게는 사회적인 평판과 존중에 대한 좀 더 섬세한 고려가 작용한다. 사실 이는 인류학에서 가장 잘 알려진 발견인 선물에 관한 것이다. 이미 브로니스와프 말리노프스키Bronislaw Malinowski가 진행한 트로브리안드 제도의 쿨라 링Kula Ring*에 대한 연구와 콰키우틀족의 포틀래치potlatch**에 대한 모스의 연구를 통해 확고하게 정립되어 있다. 관대함은 종종 무욕이 아니라 야망에서 비롯된다. 이 관점에서 관대함을 단순히 무엇이 옳으니 실행해야 한다는 윤리적 추론으로 이해하면 안 된다. 이러한 동기에는 항상 사회적 영향력과 명예의 득실에 대한 고려가 섞여 있기 때문이다.

이러한 고전적인 인류학의 관점은 행실이 좋지 않은 동생이 내 집에 머무는 상황에 대해 이야기하면서(71쪽) 내가 '진정한 의무'라고 부른 분석에 잘 드러난다. 이미 언급했

---

*   12개의 섬 주민들이 섬에서 섬으로 원을 그리며 조개팔찌와 목걸이 같은 선물을 전달하는 의식: 옮긴이.

**   지도자의 부와 권력을 과시하기 위해 귀중한 물건을 나눠주는 의식을 가리키며, 때때로 물건을 파괴하기도 했다: 옮긴이.

듯이, 동생을 당신의 집에 머물게 한 것을 관대함에서 비롯된 행동으로 볼 수는 없다. 그것은 당신의 의지에 반해서 강요된 무엇이다. 당신은 "나에겐 선택의 여지가 없다"라고 말한다. "내가 어쩔 수 있겠어? 내 동생인걸." 하지만 당신에게 선택의 여지가 없다고 느끼는 이유는 무엇일까? 윤리적인 예의범절 때문에 동생을 도울 수밖에 없었던 것 아닐까? 아마도 그럴 것이다.

그러나 아마도 당신은 만약 동생을 내쫓으면 어떤 일이 벌어질지에 대해서도 생각했을 것이다. 당신이 어떻게 대했는지 동생이 부모에게 일러바친다면 어떤 일이 벌어질까? 동생의 오랜 친구가 당신과 같은 직장에 다닌다면? 누군가에게 당신이 저지른 일에 대해 이야기하고 다닌다면? 좀 더 민속지학적인 이해를 빌리자면 이러한 의무의 본질에는 추상적인 윤리규범을 따르는 것뿐만 아니라 흔히 말하는 대로 나쁜 사람으로 보이지 않으려는 노력이 자리하고 있음을 알 수 있다.

인류학적 관점은 트로브리안드 제도의 쿨라링이나 당신의 아파트에 머물고 있는 손님에 관해 이야기하는 경우, 공유에 대한 기대가 단순한 감정뿐만 아니라 실제 사회적 결과로 강제되는 현실적 의무를 포함한다는 점을 간과하지 말아야 한다고 권고한다.

아래 두 사전에 실린 '의무적obligatory'이라는 단어의 뜻이 서로 어떻게 다른지 살펴보자. 메리엄 웹스터Merriam-Webster 사전에 가장 먼저 나오는 정의는 이러하다. '의무적'이란 '법적으로나 양심적으로 결속되어 있는' 무엇이다.[52] 버캐뷸러리닷컴Vocabulary.com의 정의는 대조적이다. 여기서는 의무적이란 '의무, 강제, 관습에 따라 필요한'이라고 정의한다.[53] 버캐뷸러리닷컴에는 다음과 같은 추가 설명이 이어진다. "'의무적'이란 원해서가 아니라 해야 하는 것을 하는 상황을 나타내는 단어다."

잠시 두 정의의 차이에 대해 생각해보면 좋을 듯하다. 내 생각엔 사회적 의무에 등장하는 '해야 하는 것'은 윤리적 고찰이나 법적 제재가 아니다. 오히려 명확하게 사회의 강제로 도출되는 것이다. 다시 말해 **다른 사람들이** 당신에 대

52   Merriam-Webster, s.v. "obligatory (adj.)," accessed August 1, 2020, www.merriam-webster.com/dictionary/obligatory.

53   Vocabulary.com, s.v. "obligatory (adj.)," accessed August 1, 2020, www.vocabulary.com/dictionary/obligatory.

해 어떻게 생각하는지, 그리고 **다른 사람들이** 당신에게 어떻게 행동하는지와 연결된다.

이제 첫 번째 정의에서 볼 수 있는 '법률 또는 양심'의 개념과 사회가 의무를 이해하는 방식이 어떻게 다른지 살펴보자. 음식 공유라는 주제는 인류학에서 가장 활발하게 논의되고 있으며 훌륭한 연구 결과도 많다. 인류학 문헌에 따르면 그러한 공유행위는 친밀한 느낌에서 나오는 것만도 아니며 보답에 대한 기대만으로 나오는 것도 아니다. 두 가지 모두 존재할 수 있지만 말이다.

그보다는 공유하지 **않았을** 때의 결과에 대한 두려움이 더 크게 작용한다. 이 개념은 주로 수렵채집인의 '공유요구'를 다루는 문헌에서 가장 잘 설명하고 있으며, 이것은 종종 우리가 '주는 것'이 실제로는 자발적이 아니라 거부할 수 없는 요구를 따르는 문제임을 명확하게 보여준다. 저변에서 작동하는 역학은 수렵채집인에게만 해당하는 것은 아니라는 점을 강조하고자 한다. 전 세계 어디서든 취락생활에 관한 민속지학 연구 결과에서 입증되는 내용이다.

엘리자베스 콜슨Elizabeth Colson이 잠비아에서 농사를 지으며 살아가는 그웸베 통가Gwembe Tonga 부족에 관해 연구한 결과는 이러한 특징을 잘 보여주는 사례다. 이 민속지학자는 자기 마을을 찾아온 낯선 이웃 마을 아낙을 맞이하는 한 여성의 행동을 관찰했다. 외지 아낙이 곡식을 좀 달라고 하자 그녀는 전혀 머뭇거리지 않고 식사를 대접한 뒤 이웃의 곡식 바구니까지 가득 채워주었다. 분명히 '환대는 통가 최대의 전통'이라고 할 수 있는 관대함과 친절함에서 우러나온 행동이다. 그리고 엘리자베스는 처음에는 당시 인류학자들이 '일반적인 상호 보상'이라고 부르는 사례일 수도 있다고 결론 내렸다.

얼마 후 곡식을 나누어주었던 여인이 다른 동기를 밝힌다. 같은 마을의 이웃에게 음식을 요구하는 사람을 거절하면 어떤 위험이 도사리고 있는지 충고하면서 하는 말이다. "누가 어떤 마법을 가지고 있을지 어떻게 알아? 마술사면 어쩌려고? 그런 사람들을 거부하면 위험해. 며칠 전 어떤 여자한테 곡식을 주는 거 봤을 거야. 달라고 하는데 어떻게 안 줘? 그 여자가 아무 짓도 안 하고 그냥 갔을 수도 있었겠지. 하지만 장담은 못 하잖아. 그냥 주는 수밖에."[54] 여기서 알 수 있듯이 실제 공유를 다룰 때, '주는' 결정은 때때로 '주

는 사람'에게 선택의 여지가 없는 경우임을 확인할 수 있다. [55]

이처럼 각 지역의 규범과 관행은 현실적이고 중요한
공유라는 모습으로 드러나게 되며, 가장 가난한 이웃조차도
굶주리지 않도록 제한적이더라도 실질적인 보호수단이 되
어준다. 그러나 이러한 나눔을 제공하는 행위는 서구 사람
들이 인식하고 있는 '빈민구제'에 함축되어 있는 단순한 관
대함이나 공감에서 나오는 것이 아니다. 의무의 실체에는
종종 강제성이 포함되며 두려움이 주요한 동기가 될 수 있
다. 콜슨의 이야기처럼 말이다.

"인류학자들은 역설을 좋아하는 경향이 있다. 따라서
어떤 사람들이 그들의 상황을 홉스적인Hobbesian 관점*으로
인식함으로써 루소적인Rousseauian 낙원**에 살고 있는 것처럼

---

54   Elizabeth Colson, *Tradition and Contract: The Problem of Order* (Chicago: Aldine,
1974), pp. 47~49.

55   일하러 외지로 떠났거나 막 돌아온 이주 노동자의 빈자리를 나누기 위해 가
족이나 주변 사람들이 강압적으로 압력을 행하는 모습에서도 비슷한 역학관계를 관
찰할 수 있다. 남아프리카에서 이러한 상황을 세밀하게 관찰한 적이 있다. 다음을
참조할 것. James Ferguson, *Expectations of Modernity: Myths and Meanings of Urban Life
on the Zambian Copperbelt* (Berkeley: University of California Press, 1999).

*   사람은 근본적으로 투쟁적인 존재라고 보는 관점: 옮긴이.

**   사람의 본성은 자애심을 가지고 있다고 보는 관점: 옮긴이.

보인다고 해서 놀랄 일이 아니다. 위험해 보이는 사람 곁을 지날 때 조심스레 걷는 이유는 그들을 건드려서 좋을 게 없기 때문이다."[56]

물론 이 모든 것이 윤리적 사고와 전혀 관련이 없다는 이야기는 아니다. 사회적 강박은 일반적으로 윤리적 규범과 복잡한 방식으로 연결되어 있다. 콜슨의 사례에서처럼 음식을 제공하라는 압박은 다른 이들이 필요한 것보다 더 많은 음식을 가지고 있는 상황에서 굶는 사람이 있는 것은 잘못이라는 이웃 간의 강력한 윤리규범과 명백하게 연결되어 있다. 그러나 핵심은 공유를 판단하는 데 관여하는 것이 윤리규범**만은** 아니라는 것이다. 사실 나 자신 혹은 이웃에 대한 윤리적 판단 없이 내가 음식을 나눠주지 않을 경우의 결과에 대한 두려움 때문에 당신에게 음식을 줄 수도 있다. 지역에서 활동하는 민속지학자들은 잘 알고 있듯이, 밀접한 사회성을 갖는 세계에서는 적을 만들게 되면 매우 큰 비용을 치르게 될 수도 있다.

56　Colson, *Tradition and Contract*, p. 37. 이 인용문은 고맙게도 케렘 우사클리 Kerem Ussakli가 알려주었다.

물론 이러한 전통적인 인류학의 관점은 얼굴을 맞대고 살아가는 사회, 흔히 작은 규모의 사회에 대한 연구 결과에서 도출된 것이다. 그리고 내가 앞에서 이야기했듯(2장 '나눔의 확장' 부분을 참고) 이러한 관점을 큰 규모로 일반화하기는 쉽지 않다. 그러나 내 주장의 핵심에 대한 중요한 통찰을 제시하기도 한다. 다시 말하자면 존재의 힘은 그에 수반되는 상호 간의 취약성에 기초한다는 것이다. 인근의 존재가 잠재적 위험요소로 보인다면 그들의 요구와 기대를 충족시킬 수 있는 무엇인가를 해야 한다.

사회인류학의 전통적인 관점은 '사회적 의무'에서 '사회'라는 부분을 이해할 수 있도록 도와준다. 또한 어떻게 공유에 대한 책임이 종교적인 이상에 그치지 않고 행동하는 의무로 작동하는지를 이론이 아닌 실제로 이해할 수 있도록 해준다.

뒤르켐

에밀 뒤르켐은 앞서 내가 언급한 사회인류학 전통을 수립한 핵심 인물이다. 그는 특히 사회적 의무는 도덕적 측면과 동시에 사회적 측면으로 이해되어야 한다고 주장했다. 이는 오늘날에도 중요하다. 그러나 뒤르켐은 여기서 한 발 더 나아갔다. 그가 이름 지은 '기계적 연대mechanical solidarity'로 이루어진 사회에서 사회규범은 단순히 강제되고 법제화되는 것뿐만 아니라 신성시된다. 그리고 바로 이 지점에서 그는 내 입장과 어느 정도 유사하면서도 큰 차이점을 지닌 신체적인 존재bodily presence의 힘에 대한 논증을 전개했다.

우리가 서로에게 제기하는 사회적 요구는 신체적 존재를 통해 강화된다는 뒤르켐의 직관(호주 대륙 원주민의 의식에 대한 그의 분석에서 볼 수 있다[57])은 중요한 측면에서 내 주장을 앞서서 구체화한 것이다. 그러나 '존재의 힘'에 대한 인식은 매우 다르다. 내가 '현존'이라고 말하는 것은 뒤르켐이 상당히 의존했던 19세기 사회심리학 이론에서 이야기하는 카리스마 있고 마술적인 힘을 가지고 있는 군중이 아니다. 오히려 서로 밀고 밀리는 일상 속의 평범한 사람들, 일면식도 없이 미니버스 속에 서로 뒤엉켜 있는 사람들이다. 내가

57　Émile Durkheim, *The Elementary Forms of Religious Life*, trans. Karen E. Fields (1912; New York: Free Press, 1995).

주장하는 의무는 초월적인 무엇이 아니라 현실의 상황과 취약점을 공유하는 데서 비롯되는 것이다.

그러나 내가 뒤르켐이 이야기하는 약간은 의심스러운 사회적 에너지론social energetics에서 벗어났다고 하더라도, 그의 '사회적'이라는 개념은 여전히 중요하다. 반면 브뤼노 라투르Bruno Latour가 사회를 존재하지 않는 것으로 재정의하려는 시도에서는 어떠한 분석적 이점도 찾아볼 수 없다.[58]

라투르의 주장은 단순하다. '사회'를 소환할 필요가 전혀 없다는 것이다. 대신 그는 인간을 인간과, 그리고 인간이 아닌 다른 '행위자'와 연결하는 '연합'의 과정이라는 개념을 제시한다. 그러나 그 과정에서 그는 내가 주장하는 사회적 의무에 힘을 실어주는 모든 핵심 특성과의 연관성을 제거해버린다. 그는 '사회'에서 '연합'으로 의미를 축소해버렸다. 이에 따라 당신이 타인에 대해 가지고 있는 의무를 고려하면서 행동하는 것이 바로 사회적인 행동이라는 의미도 사라지고 말았다. 또한 다른 이들이 당신과 당신의 행동에 관해 생

58 Latour, *Reassembling the Social.*

각하는 대로 당신을 대한다고 판단한다는 점도 마찬가지로 여기서 사라질 수밖에 없는 사회적인 행동양식이다.

나는 뒤르켐의 기능주의 사회학에서 이야기하는 기존의 유기체적 '사회'를 복원하고자 하는 것이 아닐뿐더러 사회적 의무와 같은 문제를 재검토해야 한다는 도전에 대한 라투르의 경박한 사이비 해결책도 거부한다. 그것이 그냥 존재하지 않는 것처럼 가장하거나 거짓된 문제라고 선언하는 것으로 보이기 때문이다.

라투르의 분석은 이상할 정도로 도덕성에 대한 고려가 부족하다고 지적되어왔다. 그보다는 덜하지만 내가 보기에 더 중요한 점은 사회적 의무라는 주제를 다루는 데 있어 너무나 노력을 기울이지 않는다는 사실이다. 라투르가 종종 행위자-연결망 접근actor-network approach의 전형으로 소개하는 유명한 사례가 있다. '인간이 아닌 행위자'로서 가리비조개가 우리와 '연관되어' 있을 수 있지만, 우리가 가리비조개에 대해 어떤 생각을 하고 있는지 걱정하지 않을 뿐만 아니라 도덕적이건 사회적이건 간에 어떠한 실제적인 의무를 느끼지도 않는다.[59]

데리다

자크 데리다는 '존재'에 관한 유명한 글에서 현실에서 맺는 연결과 오해의 가능성을 언급하고 있다.[60] 데리다의 작업을 관통하는 주제는 그가 '존재의 형이상학the metaphysics of presence'이라 부르는 것에 대한 비판과 함께, 중재되지 않은 또는 단순히 '존재하는' 근본적인 현실의 가능성에 대한 반론을 이어가는 것이다. 대신 그는 주체 자신을 포함한 지식 혹은 지각의 대상물은 기초를 배제하고 차이점을 분석함으로써만 가능하며, 구조주의자들이 좋아하는 의미의 '시스템'을 포함한 모든 것은 해체적 분석을 통해 불안정해질 수 있는 취약성을 가지고 있다고 주장한다.

존재를 '반대'하는 데리다와 존재를 '옹호'하는 나 사이의 명확히 상반되는 모습은 피상적이며 오해를 불러일으킬 수 있다. 내가 이야기하는 '현존'은 기본적이거나 핵심적인 것은 아니지만 정확하게 표상되고 인식되어야 하는 무엇이

---

59   가리비조개 사례는 다음을 참조할 것. Callon, "Some Elements of a Sociology of Translation."

60   특히 다음을 참조할 것. Derrida, *Of Grammatology*.

다. 매튜 엥겔케Matthew Engelke가 지적했듯, 기독교 이론에 등장하는 신이라는 생각도 마찬가지로 진실이다. 신은 그 존재가 '표현되는' 일련의 관행과 표시를 통해서만 '현존'하게 된다.[61]

내가 생각하는 '여기 우리와 함께' 있는 존재는 자명한 사실도 아니며, 신비한 무엇도 아니다. 오히려 '여기'에 있다는 것은 항상 현재로 **표현된다**. 그리고 내 관점으로는 정치와 같은 기호학적 표상의 과정을 필요로 한다. 그러므로 내가 언급하는 '현존'은 결코 데리다가 공격했던 관점의 역할을 수행하는 것은 아니다.

데리다는 '존재'란 단순히 '거기'에 있기 때문에 해체과정이 필요하지 않다고 봤다. 내가 주장하는 것은 그와 반대다. '여기 우리와 함께' 존재한다는 것은 '우리 중 하나'를 구축하는 복잡한 기호화와 정치적 과정을 똑같이 필요로 한다. 현존은 '근본'은 아니지만 사실 끊임없이 '파괴 가능'하며 재구축할 수 있는 관습이다. 따라서 '존재'(현존)라는 단어를 다르게 사용하고 있어 표면적으로 데리다와 의견의 불일치

---

61   Engelke, *A Problem of Presence* 참조.

가 있어 보이더라도, 본질적으로는 같은 생각이다.

차터지

파르타 차터지의 작업은 내가 여기서 수행한 접근방식에 심오한 영감을 주었다.[62] 그러나 내가 공유에 관해 진행해온 주장은 정부 혹은 통치행위에 대한 분석에 가둘 수는 없다는 것을 이해해야 한다. 차터지의 설명은 주로 식민지를 벗어난 신생 독립국가에서 정부의 역할에 집중하며, 그의 설명에 따르면 정부는 종종 대표 민주주의('시민사회')가 아니라 그가 '정치사회political society'라고 부르는 방식을 통해 인구에 대한 행정권력을 행사한다. '거주민denizens' 정부에 대한 차터지의 관심에는 나도 공감하지만, 여기서 내 연구의 근본적인 대상은 정부가 아니라 사람들이 분배를 달성하는 과정이며, 그들의 현존을 통해 그들이 내가 말하는 '몫'에 접근하도록 하는 방법이다.

그러한 분배가 통치받는 과정의 결과로 이루어질 수 있다는 것은 분명하다. 『분배정치의 시대』에서 분석한 현금

62　특히 다음을 참조할 것. Chatterjee, *The Politics of the Governed*.

이전 프로그램 같은 사례를 들 수 있겠다. 그러나 정부와 직접적으로 연결되지 않아도, 즉 정부 활동의 우연한 부산물의 형태로 동일한 결과를 얻을 수도 있다. 도시 운영에 참여할 권리가 보장되지 않은 이주민이지만 그들을 위한 것이 아닌 공공 서비스의 혜택을 받는 경우가 그러하다. 앞에서 논의한 도시 기반시설도 포함된다(75~77쪽 참조). 여기서 현존의 힘은 정부에 요구하는 것이 아니라 '자급자족'이 가능한 실천의 가능성을 만들어냄으로써 작동한다.

만약 여기에서 공유가 이루어지고 있다면, 그것은 국가가 의도적으로 자원을 할당하는 것이 아니라 공유요구가 관철된 것에 가깝다. 위드록이 언급한 대로, 가장 중요한 공유 형태 중 하나는 '누군가가 무엇을 가져가려고 할 때 그 사람에게 간섭하지 않는 것'이다.[63] 이처럼 몫을 얻는 방식은 정부가 인구에 행사하는 행정권력 개념으로는 정확하게 포착할 수 없지만, 실제로 사람들이 어떻게 현존을 통한 실천으로 몫을 확보하는지를 파악하는 것이 중요하다.

---

63   Widlok, *Anthropology and the Economy of Sharing*, p. 28.

아렌트

한나 아렌트를 인용하면서 이 에세이를 마무리 지으려한다. 다만 독자들이 내가 바라는 수준보다 좀 더 밀접하게나와 그녀를 연관시킬 수도 있겠다는 염려가 든다. 내가 앞서 그녀의 책을 인용한 이유는 비자발적으로 서로 간의 존재속에서 살아가는 것이 필요할 뿐만 아니라 인류의 삶에 있어 즐거운 부분임을 아름답게 표현하고 있기 때문이다.

그러나 아렌트가 생각하는 '다원성'은 그녀가 '존재'라고 부르는 것에 대해 내가 생각하는 것보다 훨씬 제한적인역할을 부여하고 있을 뿐이다. 그녀는 다원성의 의미를 정치에 앞서는 인식의 일종으로 본다. 타인의 존재는 우리로하여금 현실감각을 일깨우는 과정에서 그들의 눈으로 우리자신을 바라보도록 한다. 하지만 그녀가 말하는 '다원성'은내가 '현존'에서 인식하는 좀 더 넓은 범위의 정치적·사회적의미를 인정하지 않는다.

아렌트에게 있어 현실정치는 제한적인 정치적 공동체에서만 찾을 수 있을 뿐이며, 공공 영역에서 이루어지는 통상적인 대화와 심의라는 전통적인 개념의 관점으로 이해될뿐이다. 그녀에게 '사회적'이란 절대로 정치적인 것이 **아니**

다. 이러한 입장에서 그녀는 미국의 학교 분리 정책이 '정치
적' 사안이 아닌 '사회적' 사안이라고 옹호하면서 비난을 초
래했다.[64]

이에 대한 내 관점은 전체적으로 아렌트와 대조된다.
다시 말해 어떤 종류의 사회적 의무를 창출해내는 방식을
포함해서 함께 살아간다는 중요한 방식은 아렌트가 인식하
는 정치 공동체가 없거나, 있더라도 아주 미약한 곳에서도
형성된다는 점이다. 이를테면 같은 언어를 쓰지 않는다거
나, 역사나 문화를 공유하지 않는다거나, 함께하게 될 미래
에 대해 모여서 토론을 할 의지가 없다거나 하는 곳 말이다.
대신 그들은 아렌트의 공간과는 비슷하지도 않은 상황을 함
께 겪는다(리사 말키Liisa Malkki의 '우연한 기억의 공동체accidental
communities of memory'를 볼 것).[65] 그러나 그런 상황조차도 사회
적 의무를 생성할 수 있는 능력처럼 '사회'를 구성하는 핵심
특성을 최소한 어느 정도 갖추고 있다.

---

64   Kathryn T. Gines, *Hannah Arendt and the Negro Question* (Bloomington: Indiana
University Press, 2014).

65   Malkki, "News and Culture."

버틀러

최근 몇 년 동안 주디스 버틀러Judith Butler는 고맙게도 불안정성, 취약성, 도시 기반시설의 윤리적 중요성 등 내 논문의 주요 주장과 관련된 여러 문제에 관심을 기울여왔다.[66] 또한 그녀는 윤리적 의무가 '의도하지 않은 인접성'의 상태에 있는 사람들에게 적용되는 방식에 대해 최근 문제를 제기했다. 이 주제는 명백하게 내 견해와 맥을 같이한다. 또한 특별히 관심을 끄는 것은 앞에서 내가 이야기했던 내용들과 관련해 그녀가 아렌트의 주장을 재검토하면서 유용한 비판을 제기했다는 점이다. 공유된 취약성을 강조하면서 내가 여기서 전개한 인류학적 사고방식에 수렴하는 비판이다. 버틀러는 불안정성에 대해 이렇게 말한다.

"불안정성은 본체적 요구에 대한 조직화와 보호를 담당하는 정치적 차원과 떼어놓을 수 없다. 불안정성은 우리의 사회성과 연약함, 상호 의존성이 요구하는 차원을 드러낸다."[67]

---

66   Judith Butler, *Precarious Life: The Powers of Mourning and Violence* (New York: Verso, 2004), and *Notes toward a Performative Theory of Assembly* (Cambridge, MA: Harvard University Press, 2015).

67   Butler, *Notes toward a Performative Theory of Assembly*, p. 119.

버틀러의 이러한 의견에 소소한 부분까지 동의하는 것은 아니지만 전반적으로 내 생각과 일치한다. 그러나 명확하게 하기 위해, 두 가지 접근방식이 강조하고 있는 세 가지 핵심적인 차이점을 지적하고자 한다. 우선 가장 분명한 것은, 버틀러는 '불안정성'이나 '다른 사람과 대립하는 상황'과 같은 것들이 우리의 윤리적 의무에 대해 어떤 의미인지를 묻는 작업을 진행해왔다는 사실이다.[68] 버틀러는 인류학적 관점의 사회적 의무에 대해서는 이해하려 하지 않은 채 의무에 관한 모든 쟁점을 '우리의' 윤리적 의무에 대한 질문으로 바꿔버렸다(앞부분의 사회인류학적 전통 부분을 참고할 것).[69]

그다음으로, 가까운 혹은 인근에 있는 다른 사람에 대한 윤리적 의무는 내 견해에 따르면 취약성을 공유하는 것뿐만 아니라 '외부에 있는 다른 이들에게 내 삶을 의존하고

---

68   앞의 책, p. 99.

69   잠시 간략하게 나도 같은 생각임을 밝히고자 한다. 현대의 '이론'(예: '환대' 또는 '돌봄')에서 접할 수 있는 사회적 의무에 대한 다른 표현도 마찬가지다. 나는 그러한 노력에 공감하지만 '우리의 윤리적 의무'라는 규범적인 결론을 도출하는 데 문헌의 초점이 맞춰지면서 인류학자들이 가장 중요한 문제를 파악하는 능력을 제한하고 있는 경우를 자주 발견한다. 예를 들면 언제 그리고 왜 특정한 사회적 맥락에서 환대, 돌봄 같은 일이 실제로 존재하거나 존재하지 않는 의무로 이해되는지에 관한 문제가 그것이다.

있기 때문'이기도 하다는 점이다.[70] 이것은 상호 의존성에 기반을 둔 전통적인 상호관계 유형을 가리킨다. 하지만 우리의 삶이 의존하지 **않는** '다른 곳'에 있는 **타인**을 고려해야 하는 상황에서 찾아볼 수 있는 좀 더 도전적인 공유의무에 대해서는 언급하지 않는다. 그러나 그들도 '여기'에 있으며, 그 사실 때문에 자신의 몫을 요구할 수 있다. 예를 들면 미니버스 택시에 동승한 사람들, 에런라이크에 대한 나의 비판에서 일자리를 잃은 농장 노동자들의 경우가 여기에 속한다.

마지막으로 강조하고 싶은 것이 있다. 버틀러는 물리적 인접성이 갖는 힘을 그야말로 '정치적인' 맥락(예컨대 거리로 뛰쳐나가거나 관공서를 점령하는 등 '군집' 형태로 벌이는 시위)으로 제한하고 있는 듯하다. 내가 보기에 이런 견해는 물리적으로 인접함으로써 자각하게 되는 아주 중요한 경로를 건너뛰고 있다. 클라이브 바넷이 최근 '집회·시위·저항의 행동 모형에 대한 낭만적 선호romantic preference'[71]라며 비판한

---

70   Butler, *Precarious Life*, p. xii.

71   Clive Barnett, "Geography and the Priority of Injustice," *Annals of the American Association of Geographers* 108, no. 2 (2018): p. 325.

것과 같은 맥락이다. 나는 집중적으로 다양한 종류의 분배 요구를 해소하기 위해서는 인접성이 만들어내는 일상의 사회적 관계가 핵심임을 주장해왔다. 반면 버틀러는 결과적으로 '정치적'이지 않다는 단순한 이유만으로 이러한 사회관계를 분석의 범위에서 제외시키고 만다.

옮긴이의 말

21세기에 들어선 지 24년이 흘렀다. 매일 별반 다르지 않은 하루하루를 보내는 것 같지만 20세기의 대한민국과 21세기 현재의 대한민국은 완전히 다른 나라가 되었다. 2000년 약 5,667억 달러였던 GDP는 2023년 약 1조 8,000억 달러로 성장했다. 1인당 GDP 역시 2000년에 약 1만 2,081달러에서 2023년 약 3만 5,000달러로 늘어났다. 이에 힘입어 2000년 세계 45위 수준에서 2023년에는 30위권으로 상승했다.

경제가 빠르게 성장하면서 외국인 입국자도 함께 증가했다. 2000년 한 해 동안 약 437만 명이 한국을 방문한 것에 비해 2019년에는 1,788만 명으로 늘어났다. 국내에 체류하고 있는 외국인 역시 2000년에 약 49만 명에서 2022년에는

220만 명이 되었다. 이는 전 국민의 4퍼센트에 달하는 수치다. 이제 대한민국 어디에서든 외국인을 만나는 것은 그다지 신기한 일이 아니다.

반면 2000년에 0.9퍼센트에 불과하던 인구증가율은 2022년에 마이너스 0.2퍼센트로 떨어졌다. 합계출산율(가임기 여성 한 명이 가임기간 동안 낳을 것으로 예상되는 평균 출생아 수)은 2023년 0.72에 불과하다. 대부분의 전문가는 몇 년 안에 거의 모든 경제 분야에서 심각한 인구절벽이 닥칠 것으로 우려하고 있다. 아무리 기적적인 인구증가 대책이 나온다고 하더라도 그 인구가 경제활동에 참여할 수 있을 때까지는 20~30년의 시간이 필요하다. 결국 대폭 줄어든 경제활동 인구는 외국인으로 채울 수밖에 없다. 이미 정부는 외국인 근로자를 확충하기 위해 다각적인 정책을 펼치고 있다.

이 책의 저자 제임스 퍼거슨은 주로 남아프리카 지역을 대상으로 개발 프로젝트가 경제성장에 미치는 영향과 신자유주의 정책의 영향, 그리고 국가의 역할이 바뀌어가는 모습을 통해 남아프리카 사회의 복잡한 현실을 조명해왔다.

이 책에서는 특히 불법 이민자들이 사회적 분배제도에 통합되어가는 과정을 살펴보면서 기존의 시민권, 혹은 임금노동으로 유지되는 사회가 더는 제대로 작동할 수 없음을 보여준다. 그는 국가 단위를 넘어서는 글로벌 체계로 재편되어가는 국제 환경에서 새로운 패러다임이 필요하다고 주장한다. 그리고 그 출발점은 '지금, 여기에, 우리와 함께 존재하는' 현존일 수밖에 없다.

'현존'은 우리 사회를 새롭게 열어나갈 수 있는 키워드가 될 수 있을지도 모른다. 국적과 무관하게 '지금 여기, 우리와 함께' 살아가는 모두를 하나의 공동체로 생각하자는 것은 저자만의 주장이 아니라 앞으로의 당위가 되어야 한다. 이를 기반으로 공유와 나눔을 생각해야 한다.

중력을 발견한 것은 뉴턴이라고 하지만 정작 뉴턴은 중력이라는 현상만 발견했을 뿐 그 힘의 원천에 대해서는 결국 찾아내지 못했다. 200여 년이 지나서야 아인슈타인이 중력의 정체를 밝혀냈다. '물질의 질량'이 시공간을 휘어지게 만들고 이 휘어진 시공간 때문에 중력이라는 현상이 발생하는 것이다. 결국 중력은 우리가 느끼는 현상일 뿐 그 원천은 질량과 시공간이다.

현재의 우리 사회를 구성하고 움직이는 다양한 사회제도 역시 그 자체로 실체를 가지고 있는 것이 아니다. 온갖 정치적 수사, 권력, 배제 등의 장치 때문에 그렇게 보이고 느껴질 뿐이다. 저자가 제기하는 '현존'이란 상대성 이론에서 이야기하는 '질량'과 닮아 있다. 더는 '시민'과 국가적인 성원권으로는 장벽 없는 세계를 유지하기 힘들다. 그 자체가 현재까지의 인류가 꾸며놓은 가상의 장치들이었기 때문이다. 저자는 '현존'이라는 본질을 놓고 사회와 세계를 바라볼 때 비로소 새로운 사회적 역학관계가 완성될 수 있다고 강조한다.

이 짧은 에세이는 저자의 전작인 『분배정치의 시대』에서 전개한 논의를 일부 보충하는 한편, 현존과 나눔이라는 가치를 좀 더 세밀하게 파고들고 있다. 앞서 발간된 『분배정치의 시대』를 먼저 읽고 이 에세이를 읽는다면 훨씬 수월하게 읽어나갈 수 있을 것이다. 그렇다고 반드시 앞의 책이 선행되어야 하는 것은 아니다. 이 책 나름대로 정밀하고 풍부하게 논의를 전개하고 있기 때문에 순서가 바뀐다고 크게 문제될 것은 없어 보인다. 다만 먼저든 나중이든 『분배정치의 시대』는 꼭 읽어보시기를 권한다.

이런 의미 깊은 책을 번역하게 되어 한편으로는 부담도 되지만 즐거운 경험이었다. 『분배정치의 시대』를 훌륭하게 번역해 좋은 참고자료로 삼게 해주신 조문영 교수님에게 감사인사를 드린다. 아울러 『자연자본』(제프리 힐 지음, 여문책, 2018)이라는 중요한 환경 관련 책을 번역한 이후 다시 한 번 번역 기회를 주신 여문책 출판사의 소은주 대표님에게도 감사인사를 드린다. 이 책이 미래를 걱정하는 모든 이에게 가늘더라도 한 가닥 씨줄이 되기를 희망해본다. 여러 가닥이 모여 든든한 동아줄이 될 수 있도록.

2024년 초여름에
이동구

분배정치의 시대
기본소득과 현금지급이라는 혁명적 실험

제임스 퍼거슨 지음 | 조문영 옮김

글로벌 남반구에서 진행 중인 새로운 복지국가의 실험을 통해
빈곤 없는 자생적 사회를 위한 분배정치의 가능성을 모색한다!

'개천의 용'이 나는 시대는 끝나고 있다. 국가권력이 체계적
으로 일자리를 없애고 있는 시점에 "일하지 않으면 먹지도
말라"는 말은 또 누가 왜 자꾸 하는 걸까? 게다가 지금 대부
분의 일자리는 따지고 보면 지구를 망치는 일들이다. 풍요
의 시대에 굶어죽을지도 모른다는 공포를 안고 살아가는 국
민들이 늘어나고 있다. 일/노동과 소득에 대한 개념이 근본
적으로 바뀌지 않으면 미래는 참담하다. 퍼거슨은 이 책에
서 신자유주의 돌풍의 와중에 남아프리카공화국과 나미비
아 등지에서 시도한 기본소득 사례연구를 통해 우리가 지향
할 새 사회에 대한 그림을 보여주고 있다. 그는 "물고기 잡

는 법"을 가르치려 들지 말고 "물고기를 주라"고 말한다. 국민들이 최소한의 삶을 꾸려낼 현금을 갖게 되는 것, 이를 통해 '상호부조'의 자생적 사회가 살아나게 하자는 것이다. 유럽과는 다른 경로로 등장한 남아프리카의 '새로운 복지국가'의 모습을 자세히 들여다보면 우리가 가야 할 길이 보인다. 본격적으로 기본소득과 시민배당에 대한 논의와 실험을 할 때가 무르익고 있다.

　　　　　　　　　　─조한혜정(문화인류학자, 연세대학교 명예교수)

　"나는 집에 대한 권리를 원하는 게 아닙니다. 나는 집을 원합니다." 제임스 퍼거슨이 남아프리카의 한 노인에게서 들었다는 이 말은 많은 것을 생각하게 한다. 퍼거슨은 남아프리카의 사례들을 토대로 '정당한 몫'을 요구하는 새로운 분배정치의 지평을 열 것을 주장한다. 조건이 붙지 않은, 자신의 정당한 몫을 요구하는 것이야말로 지금 시대에 필요한 정치적 요구라는 것이다. 그의 얘기를 읽다보면, 좌파와 우파 양쪽으로부터 숱한 질문과 오해를 받고 있는 기본소득에 대해 더 많은 사람들이 공감하고 동의할 수 있을 것이라고 믿는다.　　　─하승수(시민운동가, 공익법률센터 농본 대표)

지금 여기 함께 있다는 것

분배에 관한 인류학적 사유

2024년 7월 12일 초판 1쇄 발행
2024년 9월 6일 초판 2쇄 발행

지은이 | 제임스 퍼거슨
옮긴이 | 이동구
펴낸곳 | 여문책
펴낸이 | 소은주
등록 | 제406-251002014000042호
주소 | (10911) 경기도 파주시 운정역길 116-3, 101동 401호
전화 | (070) 8808-0750
팩스 | (031) 946-0750
전자우편 | yeomoonchaek@gmail.com
페이스북 | www.facebook.com/yeomoonchaek

ISBN 979-11-87700-06-7 (03330)

여문책은 잘 익은 가을벼처럼 속이 알찬 책을 만듭니다.